星座・生肖・血型三合一論命術

【姜威國 著】

高雄縣政府聘書

（88）府勞福字第　19554　號

敦聘姜威國老師擔任
本縣八十八年度勞工學苑
（下）陰陽宅命理班
講師

此聘

縣長
余政憲

中華民國　八十八　年　三　月　一　日

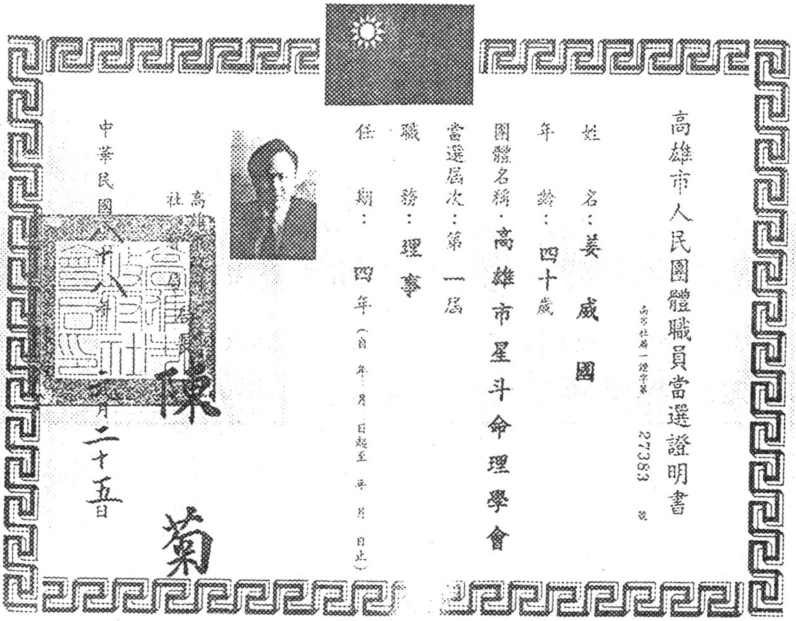

高雄市人民團體職員當選證明書

高市社局一證字第 27383 號

姓名：姜威國

年齡：四十歲

團體名稱：高雄市星斗命理學會

當選屆次：第一屆

職務：理事

任期：四年（自　年　月　日起至　年　月　日止）

高雄市政府社會局　局長　陳菊

中華民國八十八年　月二十五日

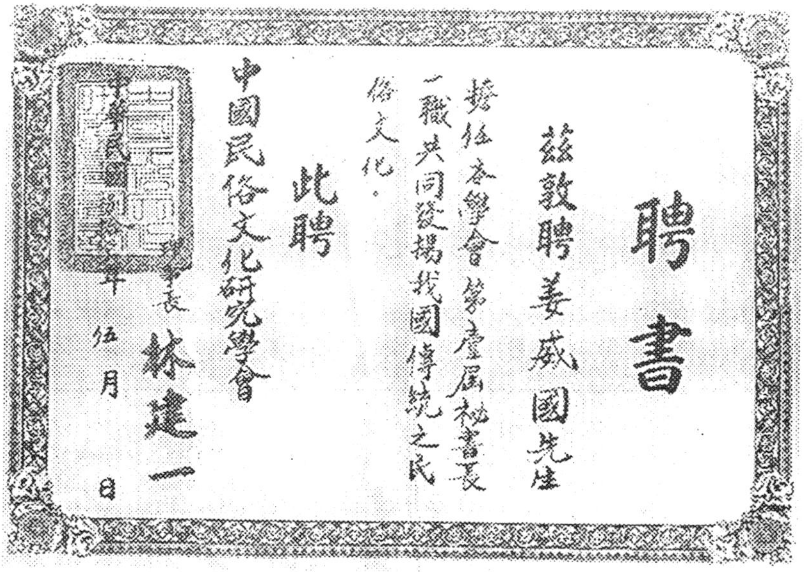

聘書

茲敦聘姜威國先生

擔任本學會第壹屆秘書長

一職共同發揚我國傳統之民

俗文化。

此聘

中國民俗文化研究學會

理事長　林建一

中華民國　年　伍月　日

自序

自從開始提筆撰寫五術相關的參考書籍後，也著實結交了不少的同道好友，儘管大多為寫信或是電話諮詢，但內心所感受的那份精神慰籍，實非是筆墨所能形容的。

前些日子，有學員提到有關星座理論的種種問題，憑良心說，我對於星座理論的研究水準，若與時下列名於大師級的前輩比較，那還可真是能以「小巫見大巫」來形容之。

可是，儘管如此，筆者每每於閒逛書店之便，特將時下撰寫有關星座的書籍瀏覽翻閱，或是購置回家研究，幾番工夫下來，竟然也讓我發現幾個很大的問題，而其中最大的問題，也就是導致我提筆撰寫本書的關鍵要因。那到底是什麼問題呢？如果各位細心的話，一定可發現到一個有趣的事實，市面上有關闡述星座理論的書籍，其內容上不是太過於複雜深奧，就是胡扯瞎掰且極盡地玩弄文字遊戲，甚至一套十二本洋洋大觀的星座書籍，其中竟然找不出它所論述的重點為何？當然，不可諱言地，我們也不能否認他們在文學上的造詣與工夫，但起碼要言之有物，不是嗎？

另外，為了要撰寫這本書，且又要符合言之有物的原則，所以特地於撰寫之前，也做了多次的實務論證，且亦能得到超越單純星座論斷的效果，因此，才斗膽地予以公開示人。

當然，本書所發明的「星座、生肖、血型——三合一論命術」，仍處於實驗階段，甚中的理論架構還嫌生澀粗糙，因此還盼有興趣的同道好友，能夠予以筆者指正教導為是。再者，由於筆者才疏學淺，內容上若有缺失遺漏之處，還望各位能多少包涵一二，歡迎來信切磋。

最後，除了要感謝購閱本書的讀者好友外，同時對於幫我搜集資料、訂正校稿的諸位好友：趙友林先生、黃慧玲小姐等，一併致上我最誠摯的感謝。

一九九九歲次己卯夏至筆者姜威國謹致於

姜老師命理風水研究工作室

貳：生肖篇

目錄

巨蟹座（國曆六月廿二日～七月廿二日）

獅子座（國曆七月廿三日～八月廿二日）…

天蠍座（國曆十月廿三日～十一月廿一日）

雙魚座（國曆二月十九日～三月廿日）

壹：血型篇

A型的人

一、個性分析

A型人個性上的最大特色即是——注重實際、恪遵原則、傳統守舊、服從多數。

(1)注重實際：

A型人注重實際的特徵，其實就是一種追求安全感的表現。例如，他們重視自己存款數目的多寡；自己的知識與才能是否能勝任工作上的需要；要做任何事之前，是否已有了萬全的計畫與準備等，因此，爲了達到這個要求，他們總是會無時無刻地自我要求，且積極腳踏實地的去實行這個理念。

(2)恪遵原則：

A型人的一生就是一連串的原則與規範所組成的，大至社會團體的法則秩

A

壹：血型篇

序，小至個人的行爲處事原則，均有著其基準的依據標準。因此，舉凡如逢迎拍馬、激情高潮，或是追求新潮時尚的現象，就很難在他們的身上發現尋得。

所以，他們總是團體中，最爲死忠且默默耕耘的工作者，因爲這對他們來說，才是最爲實際且安穩的保障。

(3)傳統守舊：

A型人之傳統守舊是以價值觀去評定的，例如，買東西一定要找具有百年老店的招牌，如此他才會感覺其有信賴的價值存在；或是歷經歲月所承傳下來的知識與經驗，他們都會抱持著尊重與不容忽視地態度視之。因爲這些對A型人而言，它們均可帶給其在認定上的安全感、信賴感與價值感。至於對一些新潮流或是新鮮十足的思想或物品，由於其不穩定與不實在，所以對A型人並不具吸引力與信服力。

(4)服從多數：

A型人對於服從多數的理念，主要是在於權威與價值觀的認定；因爲，在他們的思想中，對於權威的認定尊敬，以及忠誠地予以支持配合，才能夠保障自己地位的安全與穩固。所以，A型的人在自己所屬的團體中，絕不會讓個人的行爲表現被列入異端份子，或是脫軌的人，甚且也不容許有這種人進入這個領域，畢竟，這些異端或脫軌的份子，會使這個調和且安全穩固的團體組織遭到破壞，也進而威脅到他們所認定安全歸屬的價值領域。

二、情感發展型態

A型人的情感發展趨勢是爲保守穩定的典型，在他們的理念裡，一見鍾情與速食麵式一拍即合的激情是沒有安全與穩定的感受，所以，他們絕不容許發生這種效應，甚至不會去妄想會有此艷遇。

對於A型人感情發展的傾向與型態，我們大致可分爲下列幾項敘述之：

(1)麵包重於愛情：

A型人在尋找理想的伴侶時，「感覺」並不是被列爲首要因素，因爲這種虛無飄渺的感受對他們而言，太空洞、太不實在，也不安全，甚至是違反他們與生俱來的天性。

注重實質與實際的有形價值是他們對於愛情觀的定義，愛情與麵包二者，後者可是具有強而有力的安全穩定效應，所以A型人的戀愛觀，大都是先考慮了麵包的實質價值後，再於日後慢慢地培養愛情的和諧性。

(2)內在的質養甚於外在的相貌：

一般人對於戀愛對象的選擇，大多數是先由相貌或身材來作爲抉擇的出發點，但是A型的人就不見得做如是觀。由於相貌或是身材的美醜好壞不是永恒且持久不變的，這個現象對他們而言不實際且不安全穩固，因此反而對於內在的素質涵養更爲重視，畢竟，在價值的評定上，以及日後實際的生活上，它較具有一層實務上的保障與安全感。

因此，如果日後走在街上，若發現一對相貌或身材差距甚大的情侶或夫婦時，可千萬不要露出不解且訝異的眼神，因爲在他們之中，有可能其中一位就是A型的人。

(3)容忍與壓抑式的憐愛，同情之愛：

雖然A型的人先天擁有一份自我的規範與法則，而且也擁有一份評定價值觀的優越條件，但是，在他們與生俱有的天性中，卻存有著一份慈悲、祥和與處處替人著想的胸懷，儘管他們的外在表現是如此的實際與價值意識型態，但是其內心的世界卻是有如「豆腐」般的細膩、柔軟，所以，也經常會陷入實際與心軟的矛盾掙扎現象。

然而，對於這種現象的處理方法，也會因生肖、星座的不同，而有著顯著上的差異，例如生肖屬虎的與生肖屬牛的，一個是積極地快刀斬亂麻清楚分明地了斷，一個卻是拖拖拉拉無所謂；如果再配上星座的特性，那就更爲精確且傳神了，這些論斷的演繹並不屬本章討論的範圍，容筆者於後的相關章節再予以分析演繹介紹。

B型的人

一、個性分析

B型人個性上的最大特色即是——個性獨立特異、自我意識強烈、不喜拘限束縛、行事不按牌理出牌，但卻腳踏實地。

(1)個性獨立特異：

若是說B型的人最有個性，反不如說，他是最會且勇於表現自己個性的人，也因爲如此，舉凡他的喜怒哀樂，可謂是不定性且變幻莫測。例如，原本大家已談妥的一件事情，但B型的人會突然地提出反對的意見，且振振有詞地發表其宏見；若是大家不苟同，他也不會放棄自己的立場而附和，甚至會有你們做你們的，我做我的現象發生。

(2)自我意識強烈：

B型的人不但自我的意識型態很強烈，而且還是一個很自戀的傢伙。在團體中，他們會應用各種機會與手腕來表現自己、凸顯自己，以企圖讓衆人的眼光均集中在自己身上。

B型的人對於社會價值規範的評定標準，往往也是以自己爲衡量裁定的重

點，他不會去盲目地附從現行潮流的新事物，也不會盲目地推崇高官名人或是虛無飄渺的歷史人物。他們所重視的是現在，且盡力踏實地去做自己能做的事。

(3)不喜拘限束縛：

B型的人對於情緒的自制力很是缺乏，而且對於一些有形的規範法則很是反感。在他們的人生觀裡，生活的多元化，以及隨心所欲地去做他們想做的事情，那才是符合他們的理想。

另外，由於先天喜歡自由，以及不喜受拘限的細胞基因使然，對於社會團體中所訂定的一些規範與法條，總覺得是一件礙手礙腳的束縛，再加上自我約束力的微弱，因此經常會做出一些令人驚訝與意想不到的行為舉動。

(4)行事不按牌理出牌，但卻腳踏實地：

B型人的行事作風，由於受到先天個人意識型態的強烈，以及不喜受拘限，自我約束能力較弱等諸因素使然，所以對於情緒上的控制，或是付諸於日常生活上的行為表現，也經常會呈現一些令人難以捉摸、不按牌理出牌的現象。

儘管具有這些獨特異常的現象，不過，對於他們所認定的事情，總也會腳踏實地、循序漸進地去完成，但是過程所歷經的時間可不能過於長久，否則會令他們感到不耐與棘手。

二、情感發展型態

B型的人對於情感發展與表現的型態，基於個性使然，我們大概亦可將其分爲以下諸項論述：

(1)隨心所欲型：

由於個性上不喜歡受到太多的束縛與管制，所以在與異性交往時，這種個性的特色也往往會造成對方的誤會與不諒解，尤其是A型與AB型的人，或是生肖屬牛、狗、豬等的人。

因此，如果你（妳）的交往對象或是配偶正好爲B型的人，那就只有奉勸你（妳）一件事，最好在生活或行爲上留多一點空間給他們，否則，用不了多久，他們一定會努力地掙脫束縛而逃之夭夭。

(2)自戀型：

Ｂ型的人很自戀，尤其是對自己的個性與才能，所以，在與其交往的過程中，千萬不要拿他親近的朋友，或是歷史人物來與其相比，因爲這會造成他很大的反彈效應。例如，他的同事在公司備受重用，或是某某朋友的個性隨和、善解人意等。

(3)坦率樂觀型：

Ｂ型的人有時亦會呈現其可愛率直的一面。他們不喜歡成天愁眉苦臉，一副天要塌下來的沒有希望之貌；也不喜歡奉承拍迎的虛僞面貌，所以對於看不順眼或是不合邏輯的現象，一定是很直率地表現出反駁糾正的行爲舉止，因爲這在他來說，本就是一種極其平常且應該做的事，至於對方接不接受，或是會翻臉不高興，他們根本就不會在乎，反正，我就是看不過去、看不順眼，而已！

(4)變幻無常型：

B

Ｂ型人的情感表現完全是一種泛情緒化的徵象，在心情好的時候，他可以陪你遊山玩水、高談闊論，但是，一旦心情不好時，或是突然受到外在環境的影響，高昂的情緒瞬間即會跌至谷底，且前後判若兩人。因此，除非你能了解Ｂ型的人此一特色，否則還眞會一時會意不過來，而搞得滿頭霧水，一臉驚訝狀。

這種因血型個性的影響，若是生肖又屬蛇、猴者，更有著明顯的徵象。當然，若是再搭配星座之所屬資料而作綜合之判論，相信對此人必然會有一番深刻且清楚的認識。

O型的人

一、個性分析

O型人個性上的最大特色即是——多元化且靈活型、是非利害思慮敏銳但粗略、心動不如行動型、不故步自封型。

(1)多元化且靈活型：

O型人的個性是屬於多元多樣化的綜合類型，且非常地能視所處的環境場所，而做最適當的掌控與改變。也因爲有此「變形蟲」的優點，所以一般來說，他們在現實生活中的表現與行爲，可說是最爲面面俱到且游刃有餘。例如，同一個場合中，他們不但可以很快地進入狀況，而且能與各方人馬隨即打成一片，應對自如。

(2)是非利害思慮敏銳但粗略：

O型人個性的反應可說是非常靈活與敏銳的，他們對事情有很好的觀察力，與良好的直覺力，可是卻無法做到透視深入的了解，因此，在他們現實生活的應對與表現，就經常會出現「大而化之」，或「這樣就可以了」的處理手法現象。因而所得到的結果往往與理想有很大的差距。所以，O型的人若是能改正此個性

上的缺失，相信憑著先天的一股衝勁，以及努力不懈的毅力，於日後的成就必然是指日可待的了。

(3)心動不如行動型：

O型的人，不論是在思想上或是行動上都是最重視實際效益的，舉凡對自己有所幫助，或是有實際效用的人或事，他們都會馬上付諸於實際的行動去爭取。至於一些成天光是想作白日夢，或是滿腦子計畫妄想的生活模式，對他們而言，根本就是不可能出現的行爲。

由於先天血液中流著急躁且衝動的因子，所以除非他們不認同，否則一定刻不容緩地付諸於實際行動。

(4)不故步自封型：

雖然O型人的個性是急躁衝動的典型，但是，他們對人，對事的態度卻是很具有彈性的。例如在團體中，他們很能尊重別人的意見，只要別人的意見或是見解眞的比他好的話，他不但不會固執地一意孤行，反而會以實際的行動予以正面的支持。當然，若察覺是自己錯誤的時候，他們亦能義無反顧地接受別人的指正，而予以溝通改善。因此，O型的人在社會團體中的表現，一般還是滿受到歡迎與肯定的人物。

二、情感發展型態

O型的人由於個性上擁有坦率、開朗、實際與衝動的類型，因此，他們在情感上的展現，我們亦可將其歸納整理出下列幾種類型，而予以分別敘述之。

(1)活潑主動型：

由於個性上的坦率與開朗作風，所以，一旦發現了心儀的對象，他們不但會主動地去製造與對方認識接近的機會，而且追求的行動會如火如荼地展開，甚至有不到最後關頭，絕不輕言放棄的理念。

(2)求新求變愛冒險型：

儘管O型的人在情感上有執著與努力不懈的精神毅力，但是他們卻也同時對其他新的事物感到興趣，因此，在同一時期內，同時追求不同對象的事件，對他們而言，實在是不足掛齒，平常得很。但是這其中亦有其程度上的差異，還得再配合有關的理論而予以斷定之。

(3)敵我的觀念很重：

O型的人由於有很敏銳的觀察力，以及強烈的直覺觀，所以，他們對於人或事的是非善惡定義，也總比別的血型之人來得執著與清晰。例如，他們會對自己不喜歡的人劃清界線，且擺出一副不屑的態度；但是對於志同道合的朋友，則會以相當熱情的態度而予以推心置腹。

當然，若是雙方是為情敵的立場，則此現象定然更為顯著分明。

(4)故作瀟灑態：

儘管O型人對於情感的表現，會有多麼地執著、多麼地犧牲奉獻，以及有多麼地喜歡求新求變化，但是，若遭到現實滑鐵盧被三振之時，他們往往會找出各種理由來安慰自己，並表現出一副無所謂的瀟灑之態。當然，他的內心可是恨對方恨得癢癢的，可是隔不了多久，他不但會忘記此次的受創打擊，而且又會再度地開始另一次的情感追尋了。

AB型的人

一、個性分析

AB型人個性上的最大特色即是——多情卻似總無情型、夢幻十七型、隨緣且淡然的人生觀、合理價值觀的意識型態。

(1)多情卻似總無情型：

AB型的人對於人、事的看待角度著重於「簡單、明瞭」而已。他們討厭一切複雜繁瑣，以及不合理的狀況，尤其是男女間的「愛情問題」。「愛情」一事對於AB型的人，可說是最為麻煩且鬱悶糾纏不清的事情，所以，他們往往採取極為冷淡的態度以待之。

但是，你可不要認為他們眞的是那麼無情無義之人，其實，在他們內心裡，卻是一個熱情的人，但基於社會的現實無情，以及人際關係的錯綜複雜，所以才造成他們凡事淡然處之的態度。

(2)夢幻十七型：

由於對待人、事、物的態度總是很冷淡，所以在現實社會中總是無法找到共鳴點，因此，他們總是將理想與志向寄託於夢想中的未來。雖然，他們也了解這

是一種虛無飄渺，且不可預知的事實，但是卻能夠賦予他們一個充份且廣闊的思考與幻想的空間，而且也不用去理解那些糾纏不清且煩人的現實問題。

所以，AB型的人往往被人稱爲是——將希望寄託於夢之世界的幻想家。

(3)隨緣且淡然的人生觀：

AB型的人對於價值觀的認定，只有「合理」而已。所以，只要是合乎此條件者，他們全會一視同仁地對待之。因此在他們的意識觀念裡，什麼社會地位、什麼富貴貧窮？對他們而言，全都是一樣平等的價值。畢竟，AB型的人大多屬於虛無主義的典型，因此，在他們的人生過程中，隨緣且淡然處之的生活概念就成爲其顯著的特徵現象。

(4)合理價值觀的意識型態：

如果眼前放兩個杯子，一個是金質製的，一個是玻璃製的，你會認爲哪一個較有價值？當然不用說，一定是金質製的金杯較有價值。但是，對於AB型的人來說，它們均具有同等的價值，因爲都是爲喝水而被製造出來的。所以，AB型的人對於價值觀的認定，不在於它的世俗價值標準，而是取決於它的「合理」。如前述的杯子，只要是能夠盛水來喝，它就是有價值，否則管它製造的材質爲何，不能用作盛水來喝的，就是沒有價值。

二、情感發展型態

ＡＢ型的人由於個性上所呈現「虛無主義」的類型，所以，他們在情感上的展現，也會呈現出一種「欲拒還迎」，以及「多情卻似總無情」的型態。我們也可將其歸屬如以下諸點來敘述。

(1)四下無人表心態：

ＡＢ型的人在情感上的表現，不但是具有一份矜持，且十分地小心謹慎，深恐一個不小心，而招惹一些無謂的流言流語。所以，他們不論是約會，甚至已然談論到婚嫁，必然是採取平淡低調的手法處理。畢竟，在他們的觀念認定上，「你儂我儂」只須彼此知道即可，所謂一切總在不言中罷了。

(2)只求兩情相悅：

AB型的人在選擇對象的要求標準，不但是簡單且乾脆，只要是看得順眼、有好感即可，至於其他如財富、地位的因素，均一概不列入考慮。所以，一般而論，AB型的人對於情感發展的境界，是絕對不能以一般世俗的眼光標準來看待之，他們所在乎的，僅是彼此間的感受而已，所謂：「只要兩情相悅，又豈在朝朝暮暮？」

(3)愛在心裡口難開：

若與AB型的人談戀愛，或是一起生活，除非是同爲AB型的人，否則還眞是難以適應他們那麼「似有似無」、「多情卻似無情」的表態方式。AB型人的愛情是一種內在且昇華的類型，執著、專一，但卻很內斂，尤其是激情過後的平淡，更是令人難以捉摸。可是，你千萬不要懷疑他的忠誠度，他只不過是不願露骨地表現出來罷了。

(4)隨緣的愛情觀：

ＡＢ型的人對於愛情，總是抱持著一種輕鬆且隨緣的態度視之。他們不會刻意去製造愛情的機會，也不會去預設劃分愛情的層次色彩，凡事隨心所欲，「有緣千里來相逢，無緣對面不相識」。畢竟，在先天的意識型態，愛情的關係對其而言，原本就被列爲敬而遠之的一件麻煩事。

結語

很簡單且完整地將四種血型A、B、O、AB等之相關資料介紹闡述，相信各位也已有了一個概略的觀念。當然，這些資料僅是提供作爲論斷上的參考而已，若是想求得更爲精確的論斷結果，於後章節星座與生肖的搭配和參考，才是關鍵的重點所在。

由於一般坊間有關星座論斷的書籍，不是太過於深奧繁瑣，就是爲迎合人性的心理，而大玩其文字的遊戲，雖然非常地籠統且不合實際，但卻暢銷，這實在也令人不得不佩服他們的妙筆生花的功力。

然而，基於對學術的一種責任，以及對讀者的負責態度，筆者特結合了星座、生肖與血型三者的理論，相互研參以提供一條更爲實用，且論斷更爲準確的途徑，作爲各位於日後實務論斷上之利器。

當然，此套理論的系統架構尙屬新創，且仍處實驗階段，但是，它所具有的簡單、實用且精確的特色，卻是星座理論所無法比擬的。

可惜的是，它也有一般星座理論的缺點，那就是無法詳細且精確地探知各個運程間的吉凶徵象，關於此點遺憾，還盼有心研習的讀者，能多下些工夫去研究探討，希望有朝一日，能夠看到更爲縝密且更爲周詳的理論架構問世。如此，筆者即深感欣慰與值得了。

貳、生肖篇

前言

十二生肖，相信大家一定不會陌生，它包括了：

1.鼠 2.牛 3.虎 4.兔 5.龍 6.蛇 7.馬 8.羊 9.猴 10.雞 11.狗 12.豬。

實際上，十二生肖的理論是源自於黃道十二宮的理念架構，古聖賢爲使大家容易記憶且不落於枯燥無味，因此才創造出這如神話般的「十二生肖」理論。

其實，在十二生肖理論的內容中，它包含了許多天地自然間與命理的跡象、道理在其中，甚至廣義地說，它就是一個小宇宙的縮影，只不過其中所牽涉的範圍太廣，有些現象與事實，連現今如此發達進步的科學仍無法做出適當且正確的解釋。

由於本章也是本書所採用的一種論斷環扣，所以筆者特將一些有關且適用的理論觀念整理如後，以供日後於實務論斷上之參考。

(1)陰陽論：

《繫辭傳》曰：「是故易有太極，是生兩儀，兩儀生四象，四象生八卦。」

文中「兩儀」所指即陰與陽是也。

十二生肖理論亦有陰陽屬性之分，如下：

①陽屬性：鼠、虎、龍、馬、猴、狗。

②陰屬性：牛、兔、蛇、羊、雞、豬。

陽屬性是主施、主動、明顯的、強大的、快速的。

陰屬性是主受、主靜、隱藏的、柔弱的、緩慢的。

(2)綜合圖表：

十二生肖	地支宮位	星座名稱	三分類	四分類	守護神	屬性	徵驗意象
鼠	子	水瓶	本位	風象	土星、天王星	陽	生氣盎然、博愛濟世、混沌。
牛	丑	摩羯	活躍	地象	土星	陰	固守成一、堅定原則、物質。
虎	寅	射手	變動	火象	木星	陽	精力充沛、前仆後繼、移動。
兔	卯	天蠍	本位	水象	火星、冥王星	陰	爆發力強、茂盛奮勢、繁衍。
龍	辰	天秤	活躍	風象	金星	陽	協調公關、左右逢源、高貴。
蛇	巳	處女	變動	地象	水星	陰	隨遇消極、不滿現實、無奈。
馬	午	獅子	本位	火象	太陽	陽	固執暴躁、開創冒險、強勢。
羊	未	巨蟹	活躍	水象	月亮	陰	認同性強、猜忌疑慮、防衛。
猴	申	雙子	變動	風象	水星	陽	求新求變、智慧才能、靈巧。
雞	酉	金牛	本位	地象	金星	陰	執著專一、完美主義、耐性。
狗	戌	牡羊	活躍	火象	火星	陽	本位主義、創造冒險、進取。
豬	亥	雙魚	變動	水象	木星、海王星	陰	犧牲奉獻、矛盾猶豫、敏感。

註：

一、表格中的「三分類」與「四分類」，西洋星座與中國古命理均是以黃道十二宮的性質而予以區分，雖然有名稱上的差異，但實質的意義卻有不謀而合的事實。

二、表格中「守護神」一項即西洋占星術的「行星理論」，西洋占星術將星座與行星運行間的相對位置，而作爲其論斷依據。但基於牽涉的理論不屬本書的介紹範圍，故還請各位逕自參閱相關之書籍。

三、本表「徵驗意象」部份，僅供參考，各位亦可逕自依所習學而作更爲廣泛的引申與演繹。

十二生肖分別論述

生肖屬鼠者

個性活潑好動、喜鑽研、有智慧、性靈巧。尤其喜歡夜生活，對於酒色的誘惑很難抗拒，如果是日生人，現象較爲緩和，夜生人，則極爲顯著。

爲人處事勤快且人緣甚佳，但卻喜歡搞小團體，平時也喜歡賣弄一些小聰明，可是經常會弄巧成拙，反招他人的不齒與排

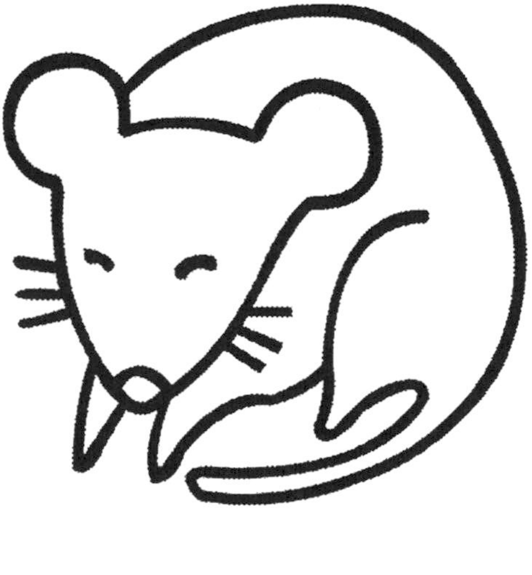

斥。

處事的態度不喜歡一成不變、枯燥的型態，因此經常會有變動工作的現象。所謂「一年換二十四個老闆」、「用老闆很凶」的俗諺，都是對其最佳的描繪與寫照。

另外，做事情的態度也總喜尋捷徑、摸魚偷懶，總認爲如此才有高人一等的成就感。只可惜往往天不從人願，且遭他人的詬病，甚至丟了飯碗。

生肖屬鼠的人對於感情的展現，可以「多采多姿」或「遊戲人間」的現象形容之。他們對於情感的認定，好像是一種遊戲、一種消遣品，從來很少會以認眞的態度視之，所以，午夜的流連花欉、見艷心喜的獵人等心態現象，都是他們對情感展露的徵象。可是，每到夜深人靜、四闌無人之際，最寂寞且最無奈的，仍是這些追逐愛情的獵人。

一生運途高低起伏不定，然而這些對他們而言，並非是最重要的，他們所要的，只是一份刺激、一份展現，所以他們也永遠地在這波濤洶湧的現實生活中，漂浮不定。所謂：「不經一番寒徹骨，哪得梅花撲鼻香。」社會上很多功成名就的人，其生肖屬鼠的，可是大有人在喃！

生肖屬牛者

個性敦厚穩重、腳踏實地。

他們很重視實際的結果與現象，所以對於一些僅是處於計畫中的事，對他們來說，會令他們產生一種極不安全踏實的感覺。因此，有時會讓人覺得他們挺現實、挺不通人情的，其實，只要你深入地去了解他們，定可發現他們篤實穩重，且甚有人情味的

一面。

生肖屬牛的人，先天就具有一種很固執、很「ㄋㄧㄡˋ」的脾氣，儘管他們在做人上，是如何地厚道、重信諾；在處事上，是如何地苦幹實幹、腳踏實地，但是，千萬不要讓他發起那牛脾氣，否則，就會有俗諺所謂「牛就是牛，牽到北京仍是牛」的無奈結局。

生肖屬牛者，若是生在白天，其一生的運途就會呈現出較爲奔波勞碌的徵象；若是生於晚上，就比較清閒安逸了。所以，雖然同屬一個生肖，但由於「落土時」的不同，也會因此造成一生運程不同的顯現。

由於個性上的敦厚穩重，以及不喜招搖與沉默的性情，因此，他們對於自己情感的表達，也往往是以一種保守且被動的方式展現，所以，在他們的感情路上，就經常會出現「結婚的對象竟然不是我」的遺憾。

所謂「路遙知馬力，日久見人心」，他們對情感的執著與專一，可是比其他生肖的人都來得穩固與強烈的。

儘管如此，他們不解風情，以及缺少羅曼蒂克的情趣，也實在是令其對象受不了，甚至會產生一種不被重視的感受。所以，在此亦提醒生肖屬牛的朋友，不妨在你的感情生活中增添一點浪漫的氣氛，如此，你的人生將會更爲美滿與幸福了。

生肖屬虎者

虎，是森林中最爲凶殘猛悍的動物，因此生肖屬虎的人，在個性上具有較強烈的氣勢，而且也挺有威嚴感的。然而由於先天競爭的個性，所以相對地，在個性上亦顯現非常敏銳且快捷的反應。

行爲處事上，比較喜歡獨來獨往，而且也很能將自己最爲亮麗、最爲優異之處凸顯出來，在工作處事上，不但衝勁十足，而且精力充沛，只要他認爲值得去做的事，一定會不顧一切地去完成。

俗謂「虎毒不食子」，所以本性中即帶有一種見義勇爲、扶弱濟傾的俠義胸懷，因此經常可以爲了朋友而兩肋插刀，義不容辭。也就是基於這份的俠骨柔情，以及意氣用事的憨勁，往往造成其後悔莫及的遺憾。

生肖屬虎的人，他們在情感上的表現可是非常地坦率且直接，有時更因此而造成激烈的爭奪局面，原因只有「不認輸」、「愛面子」而已。但是如果是在夜晚生的人，或是爲AB、B血型的人，那狀況可就完全不一樣了，儘管內心有滿懷的激情，但卻打死也不肯表現出來，這一點，各位於論斷時，還得要多注意研判才好。

生肖屬兔者

個性上外柔內剛、活潑開朗、善於辭令、人際關係廣泛、爆發力強、幹勁十足、性靈巧，富聰敏智慧，惟脾氣有太過急躁與意氣用事之缺失。

在爲人處事上，生肖屬兔者，生性即有強烈的猜疑心，所以在與人相處時，總也不免存有七分的距離保持，因此，雖然他擁有熱絡與廣泛的人際關係，可是知心的朋友卻不多，所謂「狡兔有三窟」，即是形容他對人、對事不信任，以及保護自己最佳的描繪寫照。

於工作處事上，雖態度積極且盡心盡力，可是嚴重的價值判定觀念，卻造成認定上極端的分野感，然而，由於對自我肯定的矜持，再加上急就章的處事態度，所以經常會有大起大落的兩極化現象。

生肖屬兔的人，於生活上還有一種特點，那就是「潔癖」，這種習慣特色使他不論到哪裡，總是將自己或是該處弄得一塵不染、亮麗得體。因此，若是你的朋友中有屬這種生肖的人，你可得要配合遷就一下，否則不久的日後，他可能會與你愈來愈疏遠，甚至斷絕外交關係，拒絕往來；畢竟，「潔癖」是他與生俱來且堅持的個性特色。

生肖屬兔的人，由於個性上的開朗活潑，以及太重視感情的性向，所以人緣極佳且交遊廣泛。但是也往往因爲如此，而造成嚴重的傷害且吃虧。尤其是對異性的朋友。

儘管平時看到他們談笑風生、交遊熱絡且廣泛的行爲展現。一旦陷入感情的泥淖中，就好像瀕臨於世界末日一般，心情沮喪低落，提不起勁，甚至會有自我了斷的不幸遺憾。

所以，對於他們這種兩極化的情感表現，在此亦奉獻一句——看開點，這個世界上還有其他的事可做，感情一事不過是其中一件罷了。

生肖屬龍者

龍，在我國民間百姓的心目中，可說是極具傳奇且尊貴的象徵，因此，生肖屬龍之人，於本性的展現上，亦有著此一徵象。只可惜，由於自古至今，誰也都沒有見過「龍」的本尊，現今所傳承下來的形象，也不過是根據古人所形容描繪的，所以，屬龍之人，他們於

現實生活的個性展現上，也有著此一不實際的表現。

再者，生肖屬龍的人，他們大多是屬於唯美主義的理想典型，所以於思想或行爲上，也呈現出較爲脫俗與衆不同的徵象，但是，由於社會環境所講求的是實際與現實的一面，因此亦造成他們經常會有偏激，或是不滿現狀的徵象展現，尤其是運行中年，此種徵象更爲顯著。

與人相處，總會因心理上的不踏實，所以往往會給人一種表裡不一的感受，但基於其個性極具有原則性，且懂進退，知道潔身自愛的道理，因此，於爲人交遊上還稱得上「得體」。

於處事方面，由於性情上的保守與極具原則，且謹慎小心，因此較適合穩定或專業技術的行業爲主。但是，因爲先天所具偏激與不滿現狀的個性，所以最好於言行舉止上謹言慎行，否則定會替自己招惹上無謂的口舌是非。

他們在情感上的表現，由於先天所具有的潔身自愛，以及追求唯美主義的理想傾向，因此，「寧缺勿濫」遂成爲其選擇對象的條件。然而，這種抉擇對象的意識型態，往往也造成他們「患得患失」的心理，所以，其婚姻或愛情的結局，大部呈現不盡理想，或是有孤芳自賞挫折敗北之現象，尤其是他們自以爲尊貴，或高高在上的心態，更是使對方無法容忍，而退避三舍，不願接近。

生肖屬蛇者

生肖屬蛇的人，個性上經常會有思想意識上雙重型態的展現，因此在行爲表現上亦呈顯出一種先天潛意識的自我矛盾。如平常看似優雅文靜的人，但如果讓其金口一開，不但說話條理分明，且極具有強烈地說服力。

一般而言，屬蛇的人，他們的

脾氣大多較爲剛強，且猜疑妒忌的心態較重，所以在團體中，是比較屬於淡漠的一群，尤其是具有激烈競爭的場合，他們更是會處於冷靜觀察的地位等待時機到來，而做最後的勝負之爭。

他們一生事業運途的最大特色是先破後成，這也是因爲個性上的剛強與叛逆因素所使然，尤其是孩提時代的刁蠻與叛逆，爲人父母者若是能夠付出耐心教導、勸化，相信日後定會有不凡的表現。

先天即具有一雙靈巧的雙手，以及善於理財的能力，因此，若是依循著此天賦的優良條件發展，日後的成就一定大有所爲。

他們情感上的發展傾向，亦是屬於保守與猜忌的心態典型，既期待又怕受到傷害，所以，在他們的感情世界中，也總是無法交出一張很滿意的成績單。因此，他們很喜歡流連忘返於一些風月場所，以金錢交易來滿足心靈與肉體上的滿足，然而，在他們內心深處的無奈與寂寞，卻也總在夜深人靜時，深深地被刺痛而無人可了解。

一生的婚姻狀況不甚理想，或有重婚的現象，但所謂「解鈴還須繫鈴人」，這份「心結」也大概只有他們自己才能夠解套的了。

生肖屬馬者

生肖屬馬的人，個性好強不服輸，很愛面子，脾氣易怒暴躁、反覆無常，所以往往都無法承受很大的挫折與打擊。但是，他們卻有著一副慈悲犧牲的精神，也很喜歡幫助與照顧人，因此，他們在人群中，也是很受眾人愛戴與歡迎的。

可是，對於他們先天所具有的大男人主義傾向，有時也很令人受不

了，再加上理想多於實際，因此經常也會嘗到失敗的苦果。

一生行爲處事的表現，衝勁力強、自信心夠，又勇於開創冒險，所以一般大多爲白手起家之徵象，然而，太過的大意，以及講究鋪張排場，因此極易造成其外強中乾與入不敷出的現象。

馬性最喜歡自由自在的豪邁奔馳，他們不喜歡待在家中，也不喜受人束縛，因此，在情感上的展現也有如其先天個性般的豪放與熱情，所以，在他們感情世界裡，經常會出現轟轟烈烈的愛情高潮期，愛的死去活來，但是激情一過，或是遭受到很大的刺激時，這種熱情的高溫會隨即降至谷底，所以，與他們交往，最好是慢慢地培養感情，如此才能得以長久穩固。

雖然時下提倡男女平等，但基於長期傳統思想所影響，因此對於屬馬的女性朋友，固然妳們先天具有幫夫運的事實，而且口才一流且鋒利，但是在男人的心目中，這些的長處與優點，的確會造成他們心態的不平衡，所以奉勸在協調與溝通的方法上，宜應謹愼爲上，否則，極易造成經常口角爭吵的現象。另外，婚後也最好採小家庭制比較適合，如此與公婆間的關係也比較能融洽和諧。

生肖屬羊者

生肖屬羊的人，個性內向、害羞、保守，外表溫和、易與人相處。所以，屬羊的人在一般人的觀念裡，總是屬於「乖乖牌」的類型，但是，各位千萬要注意一點，那就是羊性，可也是有爭強鬥狠的時候，尤其是在利害關鍵之爭，他們會不顧一切地與你拚個死活。

天性善良且嫻靜，言詞不多，亦不擅於表達自我，對周遭人事物的觀察很細膩，且極爲敏感，但卻也因爲自信

心不足，而造成猜忌、疑心、神經質的傾向，所以，最好能培養一項精神上的寄託事情，如對藝術的興趣培養，或信仰宗教等。

生肖屬羊的人，在行爲處事上，由於個性上的內向與寡言，以及自我信心的不足，因此對人生的看法不夠積極，物質慾望也不高，因而導致其於事業上的衝勁不足，也沒有開創冒險的精神勇氣，所以，他們的一生大都也是在平凡且穩紮穩打中漸進的發展。

感情發展的傾向是標準的「多愁善感」典型，過程細膩且敏感的個性，致使他們總是成爲感情的受害者，要不是因過度的關心關懷，而造成疑神疑鬼的現象；要不就是自我的信心不足，而導致心理意志的消沉與委靡不振。所以，要是有幸交到這種朋友或是成爲感情的對象，在這方面就得多用些心思去了解、去體諒，否則就很難得到他們的共鳴與友情。

生肖屬羊的男性，一生中較會受到女人的困擾，尤其是行運至太歲年（註）更是明顯。

生肖屬猴者

生肖屬猴的人，個性外柔內剛，一生勤快且做事任勞任怨，口才不錯，人際關係亦很活絡。然而，一般而言，他們在幼年時期大多於窮困中度過。而且，一生的歷程亦是坎坷波折不斷。

他們一生中受朋友的影響很大，然而他們在交友、擇友上的選擇認定與看法角度，又是極為的沒有主見，因此，一生中被朋友拖累受害的機率，可說是高得令他們自己都感到訝異。可是個性如此，又有什麼辦法呢？但還好，所謂「久病成良醫」，一般

於中年以後，這些不良的現象自會因經驗歷練的累積，而得以改善，進而邁入人生的佳境。

生肖屬猴的人，於事業的選擇上，最好是習得一技之長，避免自資經商或是從事開創冒險的事業，如此運途上自可平坦順遂，再加上先天勤快任勞任怨的行事作風，日後定可有所成就。

一生感情婚姻的狀況，大致都呈現不如意的現象，這是因爲自我心態上的調整不平衡所致，極端且憤世嫉俗，因此不論男女最好不宜做早婚的打算，否則婚後夫妻間爭吵與不和諧的現象是預期可見的。

另外，生肖屬猴的人，個性上太過於情緒化，所以經常會因周遭小小的事情，而動起無名之火氣或是「牽拖」於他人，所以婚後最好是採小家庭制，不要與公婆同住，如此亦可避免婆媳間的不和諧。當然於其他方面，自我情緒的約束與控制也是重要的關鍵，否則在團體中招到非議、排擠的現象，自是難免。

生肖屬雞者

生肖屬雞的人，個性積極且、獨立，行事乾淨俐落，絕不拖泥帶水，善於辭令且靈巧機智，富有同情心、人情味，是一位外交家、演說家或大眾傳播家的很好類型。

與人相處重實際，講信用且重效率，雖然於人際關係上，有著中堅領導的能力與地位，但往往也由於太過於積極與直率的態度表現，而反遭人詬病不滿。

辦事能力積極且能幹，處理事情有條不紊，精速實簡，對人生的理想與抱

負，亦抱持著很大的野心，一待時機來到，必然能有所作爲。

他們對於處理情感的態度亦如其個性一般，開朗、積極且絕不拖泥帶水，重視實際效率，因此，也往往被人誤認爲太過於現實，且沒有一點浪漫的氣氛，因而在他們的感情生涯中，總是很莫名其妙地被三振出局而不知。但很奇怪的是，他們都非常地有異性緣，一生中，不論是婚前婚後，周遭所圍繞著的感情似乎不曾間斷過。這實在也是令一些總是與感情無緣之人士感嘆萬分不已，所謂「人比人，氣死人」，不就是一個最佳的寫照嗎!?

生肖屬狗者

生肖屬狗的人，個性忠厚保守、木訥寡言，喜歡安定穩實的生活，外柔內剛，有原則，嚴謹且盡責。

他們很喜歡交朋友，也很眞心地對待朋友，所以在團體中，他們有著很好的人際關係，但基於保守且篤實的個性使然，所以往往也是聆聽別人吐露心聲的對

象。很有慈悲惻隱同情之心，對於一些弱勢或是需要幫助的人，他們也都很盡心且樂意地付出援助。

在處事上，他們不喜歡從事開創冒險，或是不實際的事情，如新潮流的或好高騖遠的事物。一生中，平穩紮實地一步一腳印，是他們比別人少失敗、少受挫折的最大原因所在。因此，他們較適合朝九晚五固定的工作，除此之外，他們也是一位很好的幕僚人才。

由於先天個性的內向保守與嚴謹穩重，所以他們在感情上，也呈現出一種很含蓄內斂的型態；「愛你在心口難開」的境界，相信你能體會。當然，一旦碰上

合意的對象，他們可是全心全意地付出，但也由於太過於重視感情的付出，所以相對地有要求對方過高的現象，反而經常予人嘮叨與壓迫的感受，因此，被愛的對方往往會因受不了而離開，這實在也是他們所始料不及的事實。

另外，生肖屬狗的人，先天個性就很不信邪，也就是俗稱的「鐵齒」，所以也經常會嚐到不必要的苦頭或失敗。然而，在他們的理念認定上，都是非常地執著肯定這一點，畢竟，若是沒有親自去做，又如何地能滿足他們這份的好奇心與不信邪。

生肖屬豬者

生肖屬豬的人，個性剛烈，自尊心強，有潔癖，對外的人際關係良好，也喜歡出國旅行，對物質品味很高，性情慈悲，有強烈的家庭觀念，一生行事堅守「人生以服務爲目的」的理念，所以很得衆人的尊崇。

自幼年時期即很懂事，且善於照顧他人，心態與思想很早熟，因此於同輩

中，他們總是居於領袖的地位。行爲處事上，喜歡掌權且具破壞力，因而經常會將事情演變到不可收拾的地步，所以還是應採和平方式爲宜。

生肖屬豬的人，一般事業心很重，也很能待其事業有成之時，對社會有所回饋與貢獻。與宗教的緣份很重也很熱心虔誠，而且從不落人後，所以往往於中年以後的他們，不但個性上有著極顯著改善，且經常會成爲團體中受人尊敬的重量級人物。

他們對於感情的處理，表面上雖然柔順溫和，但內心中卻是極爲挑剔，所以相處愈久，合者愈濃愈密，不合者定感無趣而分開。因此，一生的感情發展也總

是在順其自然的狀態下進行，可是，在他們的內心深處，卻往往憧憬著一次轟轟烈烈的愛情展現，因此經常於婚後，仍有不斷的感情事件發生。這種矛盾心態的展現，對於他們而言，大概就是一種願望補償的負作用吧！

×××

利用十二生肖來論斷人命，其實這並不是現在才有，而是早自我們古聖先賢即有的論命方法，筆者只不過是將其中的內容大略地引申演繹罷了。當然，基於社會時代背景的型態不同，我們絕不能食古不化的蕭規曹隨，如此，才能符合實際的演斷需求。

再者，本章的內容尚留有很大的推演空間，筆者僅是做個「引入門」的動作，希望各位能多用些心思，自行地去廣泛收集資料，旁徵博引，如此自可得到更多的體會與領悟。

十二生肖與血型二者的綜合，對於論命而言，已經可以發揮其神準的功效，若是再配合「十二星座」的理論，相信更可以增加日後實務論斷上的精確性。至於詳細內容，還請各位耐心地研讀下去。

註：

「太歲年」即是指行年的地支而言。如今年「戊寅」，寅即爲今年的太歲，寅肖虎，所以，凡是：

(1)生肖屬虎者，今年爲「坐太歲」。

(2)生肖屬猴者，今年爲「沖太歲」。

(3)生肖屬豬、馬、狗、蛇者，今年爲「偏沖太歲」。

其餘依此類推即可。

星座篇

十二星座概論

西洋占星術中的十二星座理論，是源自於卡爾利亞人所創造的，他們觀測天體的星星，掌握移動星星的動態，於是編造成觀測天體之用的曆書，也就是現代占星術理論架構的前身。這套由卡爾利亞人所始創的占星術，由波斯傳入希臘，再由希臘傳入阿拉伯，進而演變成整個歐洲國家對此術造成一股研究探討的熱潮，其中牛頓、莎士比亞、拿破崙等有名之士，也都曾浸淫於此占星術的領域中。

占星術理論是包含了星座、行星與宮位三者綜合而成，藉由人出生的瞬間，計算出三者的相關位置，而來推斷人一生命運、個性與後來之種種消息。然而，由於此中所牽涉的理論架構不但深奧，而且範圍太過於廣疇，所以在基本上，就與本書所持的目的大相逕庭，因而在此亦不多作相關的介紹與闡述。當然，若是日後有緣，筆者自是會著專書再予以會示大家，因此還望請各位見諒爲是。

雖然說沒有將占星術的整體理論解析與闡釋，但是，各位若能將本書所介紹的「三合一」——星座、生肖與血型理論綜合應用論述，相信於實務的論斷上必定夠用且綽綽有餘，而且所得到的論斷結果還非常的精緻、傳神與準確。不信的話，你只要用心地將本書用心地研讀探討，保證你會驚訝得連自己都不相信它的神奇。

好了，雖是有老王賣瓜之嫌，但終究還是要瓜本身甘甜可口，否則，再怎麼自誇，也終是於事無補。

十二星座論述

牡羊座（白羊座）♈（國曆三月廿一日～四月十九日）

◎基本資料：

守護神：火星、冥王星。

類型性質：火象星座、本位星座。

宮位：第一宮。

屬性：陽剛、積極。

形象：公羊。

身體部位：頭部。

慣用語：我是……。

性情徵象：積極、主動、具進取心、創造力、活力充沛。

◎相關資料論述：

一、個性

牡羊座是一個在春天季節出生，且為黃道十二星座中的第一個星座，所以他們大都具有一種創新、明朗與積極、不服輸的個性，因此往往也總是以實際的行動來證明自己所計畫的理想目標。

但是，牡羊座的人卻往往缺乏耐心，且性情衝動聽不進別人的勸告，再加上太過強烈的競爭心態，因此也經常造成遭人排擠、嫉妒的現象。

再者，脾氣上的暴躁、自尊心的強烈、太過於率直的個性，以及「愛現」的事實；不錯，是可以讓其在社會團體中嶄露頭角，出盡風頭，但是卻也會因此而樹立敵人、令人討厭。所以，爲了使你的人生更好、更有展望，這些缺點短處最好還是要改進爲上。當然，若是從正面的角度來看，你們積極且充滿旺盛的精力、企圖心與不服輸的個性，的確也是日後成功、成就的最大本錢。但人際關係的和諧，以及多體諒別人的立場，對你們而言，實在是應該特別加強之處，尤其是你們經常所掛在嘴上「我是……」之語，若是能在說出口之前，先想想別人的立場與感受，如此，相信對於你一生的境遇，將會有著很大的裨益與幫助。

二、感情

牡羊座的人感情是很直率且熱情，一旦他們認定是值得的，必定全力以赴，然而，由於耐心的不足，以及自尊心的作祟，因此若是遭受到挫折或打擊，就會興起打退堂鼓的意念。所以他們不論是在交友上，或是戀愛上，都有著一種「頭燒燒，尾冷冷」（台語發音）的現象。

自孩提時代即很富有正義感，能與同伴親密的相處，甚至會有庇護受欺負軟弱的友人。然而，也往往因爲這種是非不分的正義感，以及直言不諱的個性使然，使得他亦經常會樹立敵人而不知。儘管如此，他們卻也不太在乎。

牡羊座的男女對於性慾的興奮度相當高，他們可以在不需要熱烈親密的調情前奏，而立刻地使自己燃燒到最高點，可是，一旦激情過後，卻沒有什麼纏綿柔膩的甜言蜜語。若是男性的話，一旦性趣燃起，而女性沒有立即配合，則可能以施加暴力相向的現象對待之。

他們這種完全利己且只求自己滿足的愛慾觀念，如果是同爲牡羊座的人，自是能緊密的契合，但卻也顯得單調無味。另外，獅子座、射手座在這方面的表現亦有著相同的徵象，而雙子座、水瓶座隨遇協調的個性，也可配合適應牡羊座的步調；但是，對於屬於自家保守主義極強烈的巨蟹座與魔羯座，可就完全沒有協調契合的餘地。

牡羊座的男性，在家庭中，是一個完全大男人主義的丈夫，對老婆不很關心，且家事一概不管，甚至認爲對營造一個家庭溫馨快樂的氣氛，是一件很麻煩且無聊的事情。但若是被當成大爺服侍，就會高興且沾沾自得地做個好丈夫。

牡羊座的女性，在家庭中，不但可以將家事處理的條理分明，且與親鄰好友間的交往也可打理得頭頭是道，只不過，若是一旦不如自己的意思之時，則丈夫與小孩就是她發脾氣的出氣筒了。

三、財運

牡羊座的人一生財運都很得財神爺的眷顧與青睞，再加上也非常地喜歡賺錢，所以他們的經濟狀態向來不差。

然而，先天對錢財沒概念，以及虛榮不服輸的個性，因此花起錢來可說是「輸人不輸陣」，當天來當天光，這種只爲求好面子的花錢法，往往也經常造成其「阮囊羞澀」之窘境。但還好，他們也總會不斷地去尋找新的管道來賺錢，所以就算有缺銀兩也是短暫的現象。

另外，他們在投資與投機理念的認定上，也會由於太過的自信心，以及不經大腦詳細考慮，性急且衝動的行爲下，而失敗破財，尤其是賭博投機的財，牡羊座的你，千萬不要夢想會一夜而致富。保守的積蓄財富，或是買一些不動產，這才是你做長期展望的安全投資。否則，還眞是辜負了財神爺對你特別的照顧與眷念。

對於牡羊座的人，你一生開展財運的幸運年齡是：21歲、30歲、40歲、48歲、57歲等。

四、事業

牡羊座的人於事業上的表現，不但是積極賣力，而且總是一馬當先地拔得頭籌不願落人後。所以在團體中或是工作上，他們是公認出色優秀的人才。

但是，他們往往爲了追求最佳的表現與冀求掌聲的慾望，有時會表現出極強烈地攻擊性，或是以武力脅迫代替理智勸導的行爲。當然，這些非理智的行爲將是極爲愚蠢的，但在他們的內心深處「我不能失敗」的意識觀念，卻催逼著他不得不如此，因此要想克服且突破此一心理的障礙，你必須先培養出高人一等的智慧，學習如何地去愛別人，以及熟能生巧的工作經驗，能如此，不但在事業上的表現是出色且優秀的，而且更能獲得權力統御、名利兼收的成就。

對你而言，具有開創冒險與研究競爭的工作最適合你，如軍警人員、運動選手、外科醫生、外交政治家、新聞採訪工作者、演藝人員、公司經營者、法官、律師、作家、導演等。至於類如單純、重複且一成不變的工作，不但會讓你意懶心散提不起勁，更甚且會被人誤認爲你是個無才能的人。由於這其中的差距甚大，所以，請務必要謹愼抉擇爲宜。

牡羊座事業運的開創順遂年齡是在：18歲、27歲、36歲、45歲、54歲、63歲等。

五、健康

牡羊座的人，由於先天就具有充沛的活力，以及不服輸的個性，所以，容易發生的疾病也經常與其過度的疲勞有關，如胃腸消化上的發炎症狀、胰臟炎、脹氣等。

再者，因爲牡羊座也是支配「頭」的星座，所以有關頭部方面的疾病如頭痛、高血壓、顏面神經、糖尿病，以及頭面部的受傷等，也是必須得提防的病症。

因此，爲了顧及你的身體健康，在飲食方面上，太過於油膩的食物千萬少吃爲妙，因爲它們對你的胃腸實在是百害而無一利；在精神體力上，多給自己一些休息的時間，否則，時日一久，就算鐵打的身子也受不了，更何況是肉造的人體，再說機器用久了，也需要添加潤滑油調劑一番，不是嗎？

另外，對於上了年紀牡羊座的人，最好每年都去檢查自己的身體，尤其是血壓、血糖、血脂肪等方面的病症。如此一來，相信你的一生定然能活得安逸且快樂了。

六、結語

其實，牡羊座的人是一個很優秀且出色的人才，他那明朗、積極且對人生抱持著確定的信念，以及不向失敗低頭的個性，實在是值得吾輩倣效與喝采的對象。在他們之中，年紀輕輕即列名於高層次社會名流者的情形很多，而且也不乏熱心回饋社會的善舉。

但是，在他們一路行來的過程中，由於個性使然，以及名利權勢的慾望太重，所以，一般來說，在人際關係的和諧上，往往出現不被諒解的遺憾；因此，到了中晚年時期，他們之中，有很多人都是處於孤獨回憶的日子裡。很悲哀，也很淒涼無助。所以在此奉獻牡羊座的朋友幾句話：

紅塵俗世是非多，
名利權勢轉眼空；
大千世界眾生相，

親情友誼菠蘿蜜。

另外，牡羊座的人，對任何事情最好都以隨緣的態度處之，尤其是愛情方面，所謂「強摘的果子不甜，強取的愛情不眞」，否則極容易導致對方的反感而失敗。

孩子很少，可能沒有。對牡羊座的女性而言，不少人爲了想要得到一個小孩，而以自己的性命作爲賭注；遺憾地，大多數的案例即是因此而喪失了寶貴的生命。所以奉獻牡羊座女性一句話：「留得青山在，不怕沒柴燒。」又何必定要爭在一時呢？

金牛座（牡牛座）♉（國曆四月廿日～五月廿日）

◎**基本資料：**

守護神：金星。

類型性質：地象星座、固定星座。

宮位：第二宮。

屬性：陰柔、消極、被動。

形象：公牛。

身體部位：頸部。

慣用語：我有……。

性情徵象：注重實際、物質主義、保守內斂且穩重。

◎**相關資料論述：**

一、個性

俗語說得好：「牛就是牛，牽到北京還是牛。」由此即可知道金牛座人個性的強硬與固執。

的確，由於金牛座是屬於地象星座與固定星座，所以他的堅定與穩重性極強，尤其是在要他去做他不想做的事時，那股倔強抵死不從的反應，實在有時也會有令人想一把掐死他而後快的衝動，但是沒辦法，先天就是這副牛脾氣，除非是他們自己喜歡的事。

由於金牛座屬於地象星座的關係，所以他們對於生活中較為實際層面的事物比較感興趣，因爲這些東西可以帶給他們實際的安全感。例如，他們喜歡擁有財富，但並非是守財奴的類型，而是因爲財富能充份地滿足他購買其喜歡東西的慾望，如此他們即可獲得在精神上所認定的價值觀。所以金牛座的人一生大多很致力於賺錢的工作，其最終的目地無他，只是一個價值觀的認定而已。但於第三者看來，就成了吝嗇、小氣鬼了。

金牛座的人個性平穩且愼重，凡事非經過再三地考慮，否則絕不輕易地行動，所以有時會被人覺得是慢吞吞、毫無生氣、不積極的人，但是他們並不會在乎別人的想法，也不會去饒舌地與之爭辯，反正一步一步照著來，不高興的話要不換你自己去做好了。這種看來似乎保守溫和的徵象，但由於內心具有的強烈自我意識，因此於實際的現實人生中，也往往會造成無法即時逮住機會而招致失敗的遺憾，當然對於個人而言，也是妨礙你進步的最大障礙，所以金牛座的人，有很多都是屬於「大器晚成」的類型，而之所以會造成此一遺憾，也大都是基於其本身的個性所使然。

由於金牛座的人嚮往平靜且穩定的人生，因此對於能符合這些理念的人或事物而言，他們都會很努力且堅持地去得到它，所以經常會讓人感覺出他那份強烈的佔有慾，這個事實也就是造成他強烈嫉妒心的根源。其實這一切就是他內心渴望安全感的具體表現，對他們而言，可是再實際也不過了。

金牛座的守護神爲金星，因此他們對於美麗且眞實的事物，不但具有愛戀的傾向，而且還非常具有高度的鑑賞力，所以在平時，他們就很注意自己外在容貌與服裝的打理，非眞品不買，非名牌不用，極具嚴格的抉擇標準，也因此經常造成別人另眼看待的現象。但儘管如此，他們在現實社會中卻也是很受大家的歡迎與尊崇，這不也很具諷刺的一面嗎？

二、感情

金牛座的人對於感情的展現，不但是愼重，而且很實際，因此，在他們還沒認定是否有意義，或是有價値前，他們可是不會輕易地投入感情捲入其中的，然而；一旦讓他們認定無誤後，他們的忠誠度卻是會令人感動的，因爲他們常會爲朋友的一些困難與痛苦問題，全部當成是自己的責任一般。

金星是愛的女神維納斯的象徵，所以一般而言，金牛座不論男女均有著一份內向且柔情的魅力，而且一生之中也會經歷好幾回刻骨銘心的羅曼史。然而，由於個性的實際與愼重，因此對於異性的抉擇可是挑剔得很，尤其是在物質方面的欠缺，那可能連談都甭談了。

不論男女，金牛座的人性慾都很強烈，但卻是很保守，而且不會調情與製造一些羅曼蒂克的氣氛，所以有時爲達高潮，往往需費上較長的時間。因此，在選擇對象最好能找一些較活潑開朗且有技巧的星座對象，如摩羯座、處女座、巨蟹座、雙魚座等。至於像寡慾的水瓶座、獅子座等，就與其不合適。

金牛座的妻子有得天獨厚的美貌與身材，但內心的頑固與個性的倔強，再加上強烈的嫉妒心，所以一旦發起脾氣來，可有使人受不了的氣勢，但請放心，妳所擁有先天很好的本錢，妳的老公絕對捨不得失去妳。

至於金牛座的丈夫具有著誠實、勤奮，又有強烈的家庭觀念，可說是一位很好的丈夫，只不過有時也很任性，也挺會鬧彆扭使孩子氣，這一點，還請做太太的人能體諒一些，如此一定是個幸福美滿的家庭。

三、財運

在十二星座中，金牛座是其中最紮實追求財富的星座，一生財運也是很好，他們對於不了解或是不可靠的事情，絕對不會盲目地就去投資，而且也不會因爲愛面子而打腫臉充胖子地虛擲金錢。因此他們一生中能攢下相當的財富，但各位可別誤以爲他是吝嗇鬼、守財奴。

金牛座的人自我的意識極強，且個性保守穩重，所以在對外社交與人交流的方面，就顯得比較不積極且保守死板，因是之故，有時在面臨財富的追求，而牽涉到一些相關的社交費用，卻往往會有吝惜不捨得花費的現象，也因而阻礙了進財賺錢的機會，這實在是一件可惜且遺憾的椎心之痛，所以還希望金牛座的朋友，對於這一要點關鍵多重視爲宜。

金牛座的人千萬不要有一獲千金、一夜致富的想法，因爲你們雖有先天的好財運，但仍需與紮實且穩當的汲汲營取積極配合，方能攢下財富，所以對於投機性的賭博之財，可千萬不要爲之，否則便有「偷雞不成反蝕把米」之後果。但若對於不動產或是如上市股票（最好是績優股且長期持有），則會替你帶來財富。

金牛座的人雖有先天的財運，但若是在配合運途上的契機，日後於財富上必能大有可爲，你們財運的開展年齡在18歲、27歲、36歲、45歲、54歲、63歲等。

四、事業

金牛座的你，由於是出生在盛夏萬物繁茂的季節，而且個性上又具有金星優雅自在的特性，再加上先天即具有很好的藝術天份，因此最好是朝向藝術或專業技術一途行之，日後必然能有所成就。

至於對一些要求速度，或是平淡枯燥的薪水階級工作，並不適合你，這是因爲你太重實際的做事態度，而使得進度上的拖延，反招致自己會忙得眼花撩亂，且成爲時代轉輪下的落伍者。但是，所謂「路遙知馬力，日久見人心」，若在公家機關或是一些大企業公司任職，反能因此而被人肯定與重用。所以在選擇職業工作的時候，這些自我個性上的因素，請千萬要先行衡量清楚。

另外，你們個性內向與不愛說話的特色，亦往往致使你在人際關係溝通上的一大阻礙，例如在工作上即使受到上司或是同事的誤解，你們絕對也不會去做無謂的解釋或自辯。固然這是一種很「酷」的表現，但實際上在人際的管道卻形成無法疏通順暢的遺憾，因此，金牛座的人有很多是到了中年以後，才能夠嶄露頭角、出人頭地原因即就在此。所以，積極地開拓你的人際關係，以及敞開心胸說出內心話，若能如此，對你日後在事業上的運途將會有很大的裨益與幫助。

你適合的職業有：

演藝人員、大衆傳播事業、美容服飾化粧、食品營養人員、金融業、文教出版等。

開展事業運途的幸運年齡有：15歲、24歲、33歲、42歲、51歲、60歲等。尤其是在42歲以後，更是你一生黃金歲月的巔峰期。

五、健康

金牛座於身體的配屬部位是在頸部，所以一生中較為脆弱，也較易為發病的器官亦即在此，如甲狀腺症狀、喉嚨發炎、扁桃腺發炎等。

金牛座的人由於過度執著工作的態度，以及在先天上因荷爾蒙異常的分泌，所以體質一般都比較缺乏抗體，也比較容易罹患疾病，如肝臟、腎臟之病症，以及女性卵巢與月事上的不規則等。因此，為了保有健康的身體，在飲食上，你們就必須選擇一些蛋白質含量較高的食品，如牛奶、蛋、大骨湯，以及豐富的維他命C與鐵質食物，如海草、蘋果、柳橙等，若能如此地配合攝取，相信你的健康定然無後顧之憂了。當然，多利用時間作充份的休息，以及避免傷神的熬夜生活，對你更是有著無比的幫助。

另外，對於金牛座的女性，尤其是已婚的婦女，由於妳們在先天上荷爾蒙有異常分泌的現象，因此就直接地影響了妳們的內分泌系統，所以在生兒育女上，總會有所遺憾發生，尤其是第一胎，易有流失的傾向。這一點還望妳們在心理上要有所準備才好。

再者，女性先天的體質架構就比男性複雜且精密，而內分泌系統的正常與否，又是能直接地影響這體質架構的優與劣，因此，多一份的保養和保健，以及養成定期地健康檢查，相信對妳不但有幫助，且有一份實質上的保障。

六、結語

金牛座的人，一生的運途與際遇，大抵可以平穩且安靜論之，其中或有高低起伏與坎坷順遂，但一般而言，均會隨著年齡的增長，而呈現愈來愈好的現象，其因無他，就在其個性的穩重勤奮，以及持久的耐力而已。尤其是本身地象星座的擁有慾強烈，致使他更督促自己努力地去達到理想目標。當然，這其中的過程，或也因此會得罪不少人，但所謂「路遙知馬力，日久見人心」，最後仍是能夠得到衆人的肯定與認同。

現今的社會型態已非昔日可比，太過於保守固執的人生觀也已不敷時代的要求，所以，爲了使你一生的運程順遂暢通，這種個性上保守與固執的作風，最好能有所改變，以及多學習採納他人的長處和意見，能如此，相信在日後的人生運途上，你將不再會因無法及抓住成功的機會，而懊惱悔恨；也不會因爲固執己見，剛愎自用而造成孤立無援之遺憾。

先天上，你們具有沉著穩重的個性，旺盛的信念，以及勤奮持久的耐力，再加上對藝術有著得天獨厚的天份，所以，若是能充份地發揮這些優點，且改進前述的缺點，那麼你的未來將會比其他人來得燦爛光輝。

另外，金牛座的人也會因爲白天、晚上生，或是類屬何種血型，而呈顯出個性或運途上的差異，如白天生人的一生運途，就較晚上生人來得辛苦勞碌，而A型的人也比O型的人於行事上，也呈現出穩重且實際得多。

雙子座 ♊（國曆五月廿一日～六月廿一日）

◎基本資料：

守護神：水星。

類型性質：變動星座、風象星座。

宮位：第三宮。

屬性：積極、陽剛。

形象：雙子星。

身體部位：神經系統、胸、肺、手與手臂。

慣用語：我認爲……，我的想法是……。

性情徵象：理智聰慧、多才多藝、不按牌理出牌、善於言辭與傳達溝通。

◎相關資料論述：

一、個性

雙子座的人天生就具有雙重的性格，同樣地，雙魚座亦是，但其中表現的意識型態差別很大，雙子座是一種內外在均明顯地差異徵象，而雙魚座卻完全是一種心靈上感受的差異（待後章節再詳述），因此，於論述上可不要混爲一談，畢竟一個是在盛夏出生的，一個是在嚴冬出生的，雖然同屬「雙」字輩的，但卻有著極端性的不同展現。

由於雙子座是屬於風象星座與變動星座，所以在個性上呈現出開朗活潑、不

喜受拘束的徵象，應變能力極佳，且聰明機智靈活，才華橫溢，但卻略帶有些神經質的性情傾向。

對於雙子星雙重性格的徵象，我舉個例子來說明。如在某個聚會的場所，衆人聚集熱鬧非凡，此時若有雙子座的人在場，其談笑風生、左逢右源的交際應對，馬上就可以將場面燦亮熱絡起來；但是，你可別眞的認爲他眞是那麼地開朗豁達、溫厚待人，因爲此時在他的另一個潛意識裡，可是很小心且神經質、冷靜的人。也因爲具有此種雙重的性格，所以一旦逢遇雙重個性矛盾衝突之際，往往就會發生精神崩潰分裂的現象，因此，爲避免此種遺憾的發生，在行爲處事之前，最好愼重地考慮清楚，計畫周詳且耐心漸進地將其完成，如此你的人生自然就會過得快樂順遂無比。

雙子座的人性情上極易受到外在環境的干擾而變化，儘管你們臨事應變的能力很機靈且很迅速，但是由於內心心情的不穩定，以及兩極化的變異現象，所以往往很難從頭到尾徹底地完成一件事，甚至有時事情做了一半，卻因爲其他更有趣的事情吸引了你，而就他事。這種現象也就是爲何被視爲不可靠的人之要因。所以，凡事注意事先周詳縝密的計畫，以及持之有恒的行事態度，這樣你必能受人信任與重用，且過得充實又有意義。

雙子座的人具有強烈的求知慾，與認眞的學習態度，由於水星所掌管的是溝通與傳播，因此他們會極盡所能地去接受學習相關方面的知識，如語文能力、傳播媒體訊息等，因爲他們知道要想將訊息傳達給別人，且能夠被了解，因此相關且適當的教育與訓練，是唯一可以令其達到目的的方法。之所以雙子座的人會有如此的行徑與作爲，其實主要還是在他多變的個性與思想，如果沒有適當且正確的表達方法，他又如何能讓別人來了解他心中所想的事情呢？但請記住，說話說重點，且言多必失，否則，變成「王大媽的裹腳布」，那可就又臭又長地令人厭煩了。

雙子座的人很機警，也很冷靜沉著，這實在是拜其雙重性格所賜。因此他總也能很從容地應付一些突如其來的狀況，而且還能提出一些令人意想不到地奇招

怪式將事情解決，這一項的特異功能經常會令他周遭的朋友對其欽佩不已。另外，他的鬼點子也特別多且都能奏效得逞，因此「點子王」、「狗頭軍師」的封號也就因應而生了。

二、感情

雙子座的人不論是對朋友，或是戀愛的對象，他們在情感上的釋出表現是持著一種很沉著冷靜且理性的態度。

在交朋友的關係上，他們爽快的性格與充滿機智的對話，往往能很快地與對方建立起良好的關係，所以，大體上而言，他們大半是深受人們的歡迎，而且其交際的圈子也是很廣泛的，但是，基於本身雙重性格，以及不喜受拘束的性情影響，他們所建立起的友誼關係往往都無法持之以恆。

雙子座的人可是在黃道十二星座中，最不守禮教與社會風俗的人，在人群團體中，他們會儘量地將自己表現得與眾不同，甚至經常會做出一些不合常理、反

抗示威的舉動，其因無他，主要就是在隱藏自己的想法與實力，以免被周圍的人了解而束縛了他，這種先天性情上表現，也經常會造成事業前途的阻礙，但還好，隨著年齡的增長，以及接受適當的教育與訓練後，自然地就會明白「合群」與「合作」，對自己的成就會有著莫大的幫助。

雙子座的人在情愛的表現態度上，總給人「頭燒燒，尾冷冷」（台語發音）的感受，不管是男性或女性，雖然愛慕對方，但卻不會沉溺其中，而且更沒有所謂「情人眼裡出西施」的專情、熱情表現。男性會應用各種技巧與言語使女性激情地熱戀自己，而女性卻往往被動得令對方摸不著頭緒，然而一旦興趣消失，隨即會去追求另一個新的對象，因此，總讓人覺得他們是「花花公子」或「落翅仔」的類型。

對於性愛的態度表現方面，男性較注重技巧與肉體上感官的享受，喜歡在明亮的燈光下性交，也喜歡看著對方的表情與性器，大多數的人具有性虐待的傾向，而且爲追求多樣變化性的感官刺激，他們會不斷地更換追求新的性伴侶。女

性對於性愛上的感受就比較不重視與平淡，而且也是屬於不容易達到高潮的類型；但是，若對方使用多樣化的變換體位技巧，或是以新奇的替代器具，則情況即會有大大不同的反應。

基於以上的因素使然，所以，你們在尋找對象時，最好能找尋相性類似的，如牡羊座、獅子座、水瓶座、天秤座與雙子座等。

雙子座爲人夫、爲人妻的表現徵象：

(1)爲人妻：雖然她們也很有心地想建立一個幸福美滿的家庭，但由於先天雙重性格的影響所致，對於單調、枯燥與一成不變的家庭主婦生活，會造成她們神經質的傾向，所以多半不能當一個很好且盡職的家庭主婦。

(2)爲人夫：婚後仍忘不了單身時代風流的生活，所以，半數以上的男性，大多會仍與妻子以外的女性發生性關係，若是有所節制，應該不會造成家庭破裂的現象。

三、財運

雙子座的人一生的財運較爲波動不穩，在年輕單身的時代，他可能同時擁有兩種以上的財源收入，但是「貨暢其流」，非花光不可的理財觀念，就是造成其財運不穩的最大因素；但還好，這種浪費錢財的傾向，到了婚後持理家計之時，不但有大幅度的改變，而且還會孜孜積極地儲蓄財物，因此中晚年均有頗爲可觀的財富。

雙子座的人是一個非常精明且優秀的生意人才，他天生所具有的機智與清晰的頭腦，以及伶俐靈巧的口才，就是他縱橫商場賺取財富的本錢。

另外，他們的賭運一向都很好，甚至可說是賭博天才，幾乎是逢賭必贏，尤其是對股票的操作致富技術，更是令人稱羨不已；可是，很奇怪地，對於土地、房地產的炒作買賣，卻是經常賠損累累，慘不可言，這可能與他先天所帶雙重性格的因素有關。

雙子座的人，他們除了有著伶俐且善於辭令的口才外，文章筆墨的才華亦堪稱一流，所以版稅的利潤亦往往是他財富收入的一大來源。

一生中，雖然財源多種，但由於生活上的不知節制，所以，大多要等到中晚年時期，才會有積蓄致富的徵象。一生財運開展的年歲有17歲、26歲、35歲、44歲、62歲等。

四、事業

雙子座的人由於個性上的易變，以及天生一副機靈的頭腦，所以在職業選擇上，最好是以不固定又明快忙碌的工作性質爲宜，否則不但做起事來提不起勁，而且還會造成厭煩的現象。

再者，雙子座的人具有強烈的求知慾，而且非常地勤奮好學，所以對於一些較爲前衛性且具新潮性的工作，也是非常容易迎合與接受，這大概也與他易變的個性有所關聯。

雙子座的守護神爲水星，所以，他們不但是有智慧，而且性情也很具知性與感情，但有時亦會因太過氾濫的情緒反應，而顯得有神經過敏的傾向。因此，若不是具有豐富的知識與經驗，最好不要擔當責任重大的工作，否則，你一定無法盡情地發揮所長。

雙子座的人適合的職業有：大衆傳播事業、出版業、業務行銷、外交工作、旅遊業、律師、演藝人員、新聞事業、廣告業、醫生、運動家、哲學家、心理學者、小說家、國際貿易、商業買賣、科學家等。當然，另外還有一些屬於投機賭博性質的行業，如玩股票、股市操作員、老千等，對雙子座的人亦很適合。

有關你們事業開展的運際有14歲、23歲、32歲、41歲、50歲、59歲、60歲等。

五、健康

由於雙子座配屬身體的部位有神經系統、胸、肺、手與手臂，因此，在健康

會發生問題時，以上部位的疾病是最易顯見的，如精神分裂症、失眠症、扁桃腺與氣管、支氣管上的疾病，以及因神經太過忙碌緊張所引發的疾病，如便秘、消化系統的疾病、痔瘡等。

另外，由於神經系統所引發出的手部障礙病症，也經常使得當事人因而發生一些意外的事件。

因此，定期地做健康檢查，以及保持身心輕鬆的平衡狀況，實在是雙子座的人最宜注意的重點。

雙子座的人其體質大多是顯酸性的反應，所以對於一些如蛋類、小魚類、青菜類、香菇、大蒜等食品，應要多方面地攝取補充，這樣對你的身體健康必是大有幫助。

六、結語

儘管雙子座的人，幸運之神總是眷顧著你，但是，對於你那多變且易變的個性，最好能多加地自我控制與改進，否則，你周圍的朋友，有一天一定會對你不再信任，甚至會以「敬鬼神而遠之」的態度以待之，這又豈是你所願見到的，不是嗎？

你的口才，一向是你引爲自傲的長處，但是，最好持「該說的才說，不該說的，少開尊口」的原則，千萬不要淪爲「廣播電台」，否則，還眞是糟蹋了你天生所具有的好口才。

巨蟹座 ♋（國曆六月廿二日～七月廿二日）

◎基本資料：

守護神：月亮。

類型性質：本位星座、水象星座。

宮位：第四宮。

屬性：陰柔、消極、被動。

形象：巨蟹。

身體部位：胸部、胃。

慣用語：我覺得……。

性情徵象：固執倔強、機警敏銳、家庭觀念很重。

◎相關資料論述：

一、個性

巨蟹座的守護神爲月亮，而月亮多變不穩與陰柔被動的性質，往往直接且明顯地表現在巨蟹座的身上。因此，巨蟹座本身是爲極泛女性化的星座。他們具有很豐富的感情，有很強的生活力，亦很知性且感性，但卻也有很泛情緒化的行爲表現。

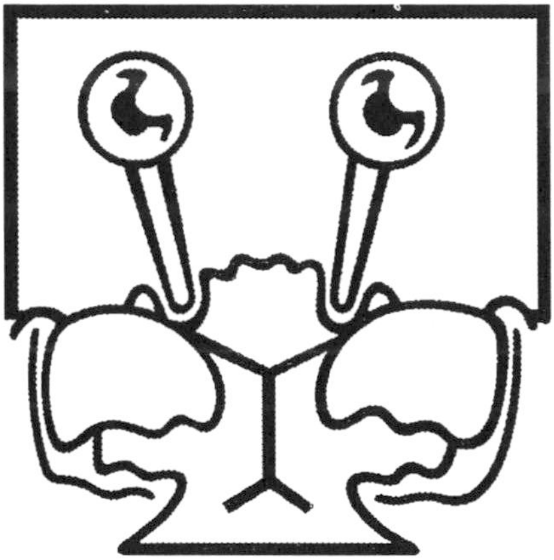

巨蟹座的人具有很強烈的家庭觀念，他們不但愛家、顧家，而且對於需要自己保護的人，都會不惜一切地付出照顧與關懷，一旦若有危害或侵犯的現象，他們一定會義無反顧地全力保護，甚至起而攻之、報復，但本質上，他們仍是一個

很文雅、很安靜，也很柔性的人。因此，一般也有將此星座比喻爲「媽媽星座」。

巨蟹座於孩提時代是一個很受衆人喜愛的小孩，他們那具有溫和又善解人意的表現，再加上主動關懷照顧他人的行爲，都是其受大人稱讚喜愛之處。若是你有幸爲巨蟹座父母的子女，那可就非常地幸福且美滿了，但是在此亦奉勸巨蟹座的父母，對子女要關愛，但是不要溺愛，也不要凡事都依著他們、護著他們，古諺云：「愛之適以害之也。」實爲最佳的警惕。

巨蟹座的人是一個不容易讓人了解的人物，有時候他會像強而有力的臂膀，但有時候卻會呈現軟弱不堪一擊的徵象，類似這種反覆無常、一日三變的現象，主要就在於太陽與其呈現反方向的運轉所致，且有先停滯在北方的空中，然後再往南前進運行的事實。在實際的現象中，當太陽行至巨蟹座時，也正好是地球夏至的季節。這也就是爲什麼巨蟹座的人會有前一分鐘與後一分鐘完全不同，且反覆無常的性情轉變所在。

巨蟹座的人歸屬感很強烈，一旦是他們認定的人事物，他們總希望能夠歸自己所有，甚至有時還會是非不分、不擇手段地達到目的。如對於自己的家庭、家族、歷史與國家等，他們都會付出全心全力地去照顧它、保護它，甚至因而發生爭執或有流血事件亦在所不惜，因爲這是他們的根，絕不容許有任何的侵犯與傷害。

另外，巨蟹座的人有極明顯的潔癖習慣，凡屬於他周遭的環境事物，他一定會整理得有條不紊且一塵不染，因此，你若想與他結交朋友，這一點還請務必要謹記，否則不用多久，他自然地就會不理睬你了。

巨蟹座的人天生具有強烈且敏銳的想像力，「聽一個頭，說一個影。」（台語發音）可是他們專長，但最好能往健康與有建設性的方面去表現，否則容易造成他人的誤解，以及自我情緒失控的現象。再者，你們自我且任性的性情，也使得你們不喜任人擺佈地做這個、做那個，尤其是碰到不喜歡或是不合意的現象，除非對方的態度友善，否則，一定採消極不配合的態度以應之。儘管如此，巨蟹座的人還是滿善解人意的，只要好好地與他們溝通，結果都能和諧且令人滿意的。

二、感情

由於巨蟹座受月亮的影響，所以在情感上總表現出一份感性、神秘，卻又情緒化的徵象，他們不愛人則已，一愛上絕對是付出全部的感情；因此，每當有無法結合的時候，往往會採取很強烈的手段作風以回應之，如自殺、玉石俱焚等。

再者，巨蟹座的人很容易發生秘密的戀情，他們不喜歡將戀情公開化，也不喜歡將自己的愛慕之情向對方傾訴表現，且會默默地埋藏在心中，因此，很多時候到頭來都會造成「結婚的對象卻不是我」的遺憾。儘管如此，不論男女，巨蟹座的人在選擇對象時，他的態度絕對是慎重且嚴謹的，這可是不容抹滅的事實。

巨蟹座的人大多會選擇年齡相近的對象，但很奇怪地，最後走進禮堂結婚的伴侶，卻都爲年紀較長的，之所以會有如此大的差異，其因大概就是一個「安全感」罷了；畢竟，巨蟹座的人，他們都非常地渴望一份安全的感受，只要能擁

有，或是能給予他的，他們絕對會盡全力地爭取。

巨蟹座的男女，對於性愛的觀點，有著極大的差異。

(1)女性：性愛的行爲對她們來說，可是意義重大的事。基本上，她們是爲了生育子女才會想去做。再者，她們對性愛也是持著一份很保守且秘密的態度，只有在兩人的世界裡，你儂我儂的激情催素，不但可使她們性慾高亢到極點，而且是愛液很多的「氾濫型」。

(2)男性：他們對於愛情與性愛的態度有迥然不同的理念表現。對於愛情，他們只會深愛著一位女性，但是在性愛的表現上，那可就是完全地自我本位主義，事前沒有任何的甜言蜜語，也沒有親密的愛撫行爲，開始到結束，只有單刀直入地埋頭苦幹，持續時間短促，只求自我肉體慾望的滿足，甚至有時還有變態或虐待的性行爲傾向。

由是之故，能與你們較爲搭配且適合的星座有摩羯座、雙魚座、牡羊座與處女座，或是同爲巨蟹座的異性伴侶。

婚後的巨蟹座，在家庭中所表現的，大抵上還算是滿正常且平穩的，做丈夫的，是一個模範丈夫，即使有外遇，也不會影響且改變對妻子的感情；做妻子的，是一個賢淑又順從的家庭主婦，對於保護家庭的責任，可說是鞠躬盡瘁，死而後已。然而，一旦有了孩子後，孩子即變成了她的生活重心，此時，丈夫或是夫妻間的性生活，反被忽視了，因此，丈夫外遇的事件也經常在這時候而引發了。所以，奉勸巨蟹座爲人妻子的妳，在這方面不妨做個調整改變，否則，事情眞是發生了，再想後悔、挽救，可能會有於事無補之遺憾。

三、財運

巨蟹座天生即具有強烈安全感的需求，一生中，他們都很努力地在積蓄財富，雖然財神爺並不很眷顧與捧場，但大多會於中年以後，因積蓄而攢下相當的財富。

雖然，積蓄是一種很好的習慣，也是一種蓄財致富的方法，但若太過於爲之，則反成吝嗇、小氣的現象，而巨蟹座的人卻往往會被第三者認爲是屬此類型者，如對於佳節或年終的送禮，或是用於拓展人際關係的交際費等，他們會刻意地省下來；但，以現今的社會型態，財運開展的程度如何，人際關係的好壞，實在是一項非常重大的關鍵，所以，如果連交際費用都吝嗇地一毛不拔，那對你財運的拓展，實是一項很嚴重的致命傷。因此，關於這一點，還盼巨蟹座的朋友，你們最好能多思考衡量一番。

另外，由於天生自我認定的意念很強，所以往往會在自我認定應該要如何如何之下，而主動且拚命地爲人效勞或服務做事，可是若沒有得到對方的回應或是感謝，則反而會強烈地批評對方。諸如此種的行爲意識表現，實在也是對其人際關係有著莫大的傷害，當然，財運也可能隨之一個個地離你遠去。因此，對於你們這種在性格上的特殊現象，最好能及早改正爲是，否則，最後會遭到損失傷害的仍是自己，這實在是一件很不划算的遺憾事情。

巨蟹座的人，先天就沒有偏財運，凡事循規蹈矩、按步就班地，如此即可獲得應有的財富。因此，對於賭博、炒作股票等投機的行爲，還是不要去嘗試，但若是屬於長期的投資行爲則可。

四、事業

巨蟹座由於受了月亮的支配影響，所以大多很具有藝術與創造方面的才華，尤其是模倣力更是高人一等。再者，敏銳且細膩的觀察力，以及超人的記憶力，使得巨蟹座的人什麼都學，而且一學就會，雖然可稱得上博學多才，但往往也因爲學得太過於複雜且廣泛，致使無法再去專精且深入的研究，這實在也是他們始料所不及的事實。因此，選擇一項較有興趣的事業或技能，而做全心地投入，如此，才不致可惜了你們天生所賦予的優秀條件。

再者，個性上的不夠想得開，以及反覆不定的情緒變化，也是造成你人生事業運途的一大阻礙。由於我們是生活在一個群體的社會中，任何事情絕不可能僅靠個人的力量即可完成，相互的幫助、相互的扶持，才是處於這個社會的根本之道，因此人際關係的建立和應用，實在是其決定成功與否的一個重要關鍵。

對於巨蟹座的人比較適合的職業有服務業、餐飲業、社會福利事業、老師、律師、內兒科醫生、作家、出版業、編輯人員、旅遊業等。

至於一生事業開運的年齡有20歲、29歲、38歲、47歲、56歲、65歲等。

五、健康

巨蟹座掌管身體上胸、胃的部位，因此在健康方面，對於此兩部位的疾病應特別注意爲宜。

在飲食方面，你們比較傾向於大衆化，只要是喜歡或輕鬆的型態即可，因此，往往就會吃出胃腸上的毛病，當然，這不是說高級的餐廳就不會，只是先天上你們的胃腸就比較弱些，最好的預防方法，還是以養份足夠即可。

再者，肝、膽、胰臟方面的疾病也是經常可見的，這大概與你們隨性的飲食習慣有關，尤其是喜歡吃路邊攤，有關這一點，還望請多注重商家的飲食衛生環境。另外，坐骨神經痛（即俗稱的「骨刺」）、結石、風濕痛症，以及歇斯底里症等，也是巨蟹座的人較易罹患的病症。

至於巨蟹座的人要如何來保持身體的健康呢？很簡單，在平時只需平均地攝取如蛋白質、鈣質等方面的食品，以及適當地菜類食品即可，當然飲食衛生習慣的講究，一定不容忽視，畢竟，經由胃腸疾病而導致其他併發的病症很多，所以，在這方面多加注意，對你可是有著莫大的益處。

六、結語

巨蟹座的人天生就很隨和，而且極富愛心，與人相處平實又很大衆化，所以，大抵上來說，是一個滿受歡迎的人，可惜的是，他們易受他人影響「耳朵輕」的習性，以及個性易變且情緒化的表現等，都是造成他邁向成功路上的一大障礙。因此，凡事要學習自己拿定主意，擇定一個目標向前邁進，這樣你的明天將會更爲充實、更爲美好。

獅子座♌（國曆七月廿三日～八月廿二日）

◎基本資料：

守護神：太陽。

類型性質：固定星座、火象星座。

宮位：第五宮。

屬性：陽剛、積極、主動。

形象：獅子。

身體部位：心臟、頭部、眼睛。

慣用語：我將要……，我會……。

性情徵象：精力充沛、具權威力量、本位主義強烈。

◎相關資料論述：

一、個性

在森林中，獅子即有「百獸之王」的稱號，而獅子座的代表符號也是以獅子為主，因此，在他們天生的血統個性中，也就很自然地帶著份尊貴與高傲的氣息。

獅子座是為太陽所掌管的火象星座，再加上又是出生在盛夏的艷陽季節裡，因此，你們在個性上就會呈現有如太陽般的光明、熱情，以及普照大地博愛的表現，人群愈多愈熱鬧的場面，你們愈喜歡，因為這時候正是你們力求表現的大好機會，否則單調枯燥的日子會令你們感到乏味且沒有意義。

獅子座的人心胸的光明磊落與熱情如火，正如同太陽的光輝一般，對於一些機險奸詐的勾當行爲，不僅不屑且輕蔑厭惡，一旦碰上，他們將會義無反顧地站出來舉發指責，因此之故，也經常替自己惹了一些無謂的是非麻煩；但由於天生強烈地正義感與表現慾所致，只要他們認定是對的，他們也絕對不會去在意太多。

獅子座的人自我的信念與主觀意識很強，這是因爲在我們所生存的太陽系中，所有的行星都是以太陽爲中心點之因素所致。因而他們最常用來表達意欲的慣用語爲：「我將要……」；「我會……」。在平時的待人處事行爲上，自我的認同與受人重視兩者，是超乎一切且想當然耳的理念，因此有時碰上不爲人認同或受局勢所逼而不得不妥協之際，他們會非常地看不起自己的所作所爲，甚至會盡一切地可能來忘記這件事。當然，心理上的彆扭與不服氣，有時還會付諸於行爲上的表現。

他們與人相處會持很信任的態度對待之，甚至會認爲對方一定與自己有著相

同光明磊落且正義的個性和心胸，因此往往會將一切有關或無關的事情坦率的對別人直言不諱，這種性格也經常造成他們於待人處事上遭遇重大的挫折與失敗；畢竟，人本就是善變的動物，俗謂「一種米養百樣人」，又豈有一定之數呢？

由於獅子座又爲火象星座，因此在性情上的表現有急躁且反覆無常之徵象，他們經常會爲人們對其的不認同或不重視，而大發雷霆之怒，或是無法滿足的自尊心與虛榮感而激動不已。但儘管如此，這些不穩定且暴躁激烈的氣勢，大多是來得快，去得也快，可是，對於一些不了解的人，他們往往就在不經意間樹立了敵人而不知，也因此經常易遭人扯後腿出賣的事實。另外，獅子座的人喜歡被人奉承且耳根子特別的軟，所以經常也會有看錯人與是非不分的現象；因此，他們的失敗往往是出在周遭最親信朋友的身上，關於這一點，還請獅子座的朋友宜多加注意檢討爲是。否則，日後一旦遇上，那種滋味眞是無法以筆墨來形容。

獅子座的人，儘管在個性上是如此地光明開朗與豪邁熱情，但在內心裡卻有著「心事誰人知」的寂寞氣性，尤其是在曲終人散之後，那份孤獨與落寞是明顯

且強烈地。大概這就是「王者孤獨」的一面吧！所以，若想克服此一遺憾最好的辦法，就是培養一項興趣，不管是文學的、藝術的、才藝的均可，只要喜歡就好，眞能如此，相信不論是在人前或人後，你絕對都不會再有那種孤獨與落寞的感受了。

二、感情

獅子座的人在感情上的表現是熱情大方且豪放積極的，因此在人群中，或是異性的眼裡都是備受歡迎，且是被憧憬吸引的對象。愛一個人，會大聲地說出來，非常地光明正大，一點也不忸怩，也不會同時腳踏兩條船，企圖一箭雙鵰，所以即使一生中有好幾次的戀愛，但每次都是誠實且專情的。崇向自由戀愛的方式，對於相親媒妁式的愛情，根本不屑爲之。對於大多數獅子座的人，一般都有晚婚的傾向。

獅子座的人在性愛的表現：

(1)男性：有大男人主義的傾向，與強烈地自尊優越感。若被女性稱讚，或能征服對方，則會興奮異常地忘了自己是誰；反之，自信與自尊心會強烈地受損，有時甚至會惱羞成怒、大發脾氣，而呈現出性虐待的反常現象。

大體上而言，獅子座的男性在性愛的表現上，大概是屬於突擊蠻幹的類型，他們不懂前奏的調情氣氛，而且持續時間短，又不太重技巧，因此往往會有「雷大雨小」的遺憾現象。

(2)女性：亦會顯現出一份女王的氣質，她們對於性愛的對象會有大膽且主動的表現，也會令對方得到完全地快樂與滿足。她們的性慾很強，而且又很能體味性愛的巔峰之快感，因此，她們不愛則已，一旦愛上則會有很瘋狂的行爲展現。這一點，還望男性朋友最好是量力而爲，否則……。

綜合以上所述，獅子座的男女性最好且最適合的性愛對象爲射手座、牡羊座、雙子座、天秤座與本星座的異性。

至於在婚後的家庭表現，獅子座的丈夫是個可靠且愛家、護家的父親，但也

是一個很專制型的丈夫，家中的一切若是無法全盤掌控，他們即會表現出一副極端不滿且易怒的態度，因此在家中，他們就成爲衆人「敢怒不敢言」，與「敬而遠之」的對象。獅子座的妻子對丈夫很忠誠，且能精巧地醞釀家中祥和且開朗的氣氛，可是，一旦讓她生起氣來，那可就有「雞飛狗跳牆」的氣勢，然而，氣過了，一切又好像不曾發生過一般，而恢復其原有開朗且活潑的表情。

三、財運

獅子座的人對於財富慾望的追求並不很熱中，但是，他們的財運卻會因社會地位與聲望的提高而成正比的獲得，因此一般而言，獅子座的人早年可能會面臨較爲困苦的生活，然而，隨著年齡的增長，以及努力地汲求自己的社會地位與權望，迨至中年，大多會有極穩定的財富基礎。

獅子座的人雖然很會賺錢，但是，用起錢來卻也是豪闊慷慨，尤其是能用在其爭取權力、名望與聲譽之際。儘管如此，他們絕對不是沒有經濟觀念的人，只

要是值得，他們絕對不會吝嗇。可是，也經常由於錯誤的判斷，以及固執於己見，因此總會讓人感覺好像有過於浪費奢侈的表現。所以，奉勸獅子座的朋友，最好要看清你四周的人，是否只因金錢而接近你、奉承你，能如此，大概就能避免掉耗財、破財之遺憾。

再者，對於如賭博、股票或投機買賣等投機行爲，只要不是刻意，或是拿老本來車拚，一般還挺會有意料之外的收穫，但若是太過份或作孤注一擲，則你的人生必然會呈現亂七八糟且一蹶不振的現象，這一點事實，還請務必要謹慎爲宜。

獅子座的人一生財運順遂開展的年齡有13歲、22歲、31歲、40歲、49歲、58歲、67歲等。

哦！對了，還有一點，也是最令大多數男性又羨慕又嫉妒的一點，那就是獅子座的男性經常能夠得到富有女性的援助，因此，往往可比其他的人少奮鬥二十年，而獲得成功。但其中，自我的更加把勁之努力，更是不容忽視的主因。

四、事業

由於獅子座是屬太陽星座與火象星座，因此，在選擇職業時，對於能顯示你的威嚴，以及能獨當一面負責任的工作，才能充份地發揮你所擁有的潛能與才華。

若是無法把握此項原則，而隨便擔任一項你不喜歡的工作，你將會變成一個自怨自嘆的可憐蟲，或是成爲一個消極抵抗的破壞者，而爲人所唾棄、所討厭。這其中的差距甚大，所以務必請用心地去好好抉擇思慮一番。

你在工作上的表現不但熱情敏捷，而且努力盡責，再加上過人的耐力與持久力，所以總能在困境中脫穎而出，讓人刮目相看。

但是，由於天生所渴望的權力支配慾，以及注重名譽聲望的形象，所以經常會有情緒失控而暴跳如雷，或是因爲太過於專制而不得人心等缺失，反導致聲望下滑或衆叛親離的遺憾現象。因此，若能針對此一缺失而加以改進，你的事業必

然會有如日中天且飛黃騰達之徵象，到那時，不管是權力、名譽或是聲望，不都是非你莫屬了嗎!?

獅子座的人適合的職業有：演藝事業、娛樂事業、廣告傳播事業、設計師、證券公司經營者、觀光服務業、政治家、實業家、玉石寶器業等。

你在職業的順遂開展年齡有19歲、28歲、37歲、46歲、55歲、64歲等。

五、健康

由於獅子座所屬身體的部位有頭部、心臟與眼睛，因此，對於如高血壓、心臟病、動脈硬化、血脂肪、膽固醇與眼疾方面的病症，實應多加留意小心。因此，平時最好煙酒不沾，或少吃太過油膩與煎炸之食物。

飲食方面，對於鈣質豐富，或鐵質、維他命A等食品，宜多加攝取爲要，如海魚、海貝、海草、蘋果、菠菜等。

六、結語

獅子座的人，由於天生承襲了太陽的光與熱之特性，所以，一生的運途只要依你自己的長處與努力，即可獲得比別人幸運且順遂的人生。

至於你最大的缺點，就在於性急、火氣太大與太過專制的作風，雖然這些缺點也是造就你成功的因素，但是，如果能稍以理智來控制，相信更會有意想不到的益處與收穫。畢竟，多一點的轉寰空間、多一點的替人著想，以及多一點的寬恕心態，不但能建立你良好的名譽與聲望，而且更能使你得到衆人的擁戴與讚賞。這樣的結果不就是符合你極欲追求的目標與成就嗎!?

處女座（少女座）♍（國曆八月廿三日～九月廿二日）

◎**基本資料：**

守護神：水星。

類型性質：變動星座、地象星座。

宮位：第六宮。

屬性：陰柔、波動、消極。

形象：靦腆的少女。

身體部位：腹部、腸。

慣用語：我分析……。

性情徵象：辨識分析能力、服務熱心、應用能力。

◎**相關資料論述：**

一、個性

出生於夏天轉變爲秋天之際的處女座的人，你們天生即具有極爲浪漫的理想與追求完美主義的個性，再加上主宰的行星爲水星，所以，你們在生涯的規劃上，總是不停且不斷地在追求知識充實自我，以便能於日後的現實人生中得以增進對於事物的掌

控能力。

處女座的人天生就是一個很實際的人，但是，也由於這種太過於實際的人生態度，往往會因而導致其過於拘泥、挑剔與批判的行爲傾向，例如在觀察生活上

的態度，總是注重於一些瑣碎的小事物上，甚至於用一種透過顯微鏡的態度來觀察之，這種行爲的表現態度，往往會令周遭的人認爲他們的視野太過於狹隘，缺乏前瞻性與無法成就大事的人，因此對於這種因小失大的個性，實應檢討改進爲宜。

處女座的人不但天生聰明過人，而且具有極高的智慧與批評別人的能力，但是，由於個性上的太過實際與拘泥細節，因此往往失去了客觀的立場與態度，而造成了主觀上偏執的現象，例如在工作上的態度，總是會認爲自己做得是完美無缺，對於他人的稍有疏忽或過失，立即會提出糾正，或是將整個工作的成敗歸咎於他人。這種偏執不客觀的態度，也經常是造成他們於人際關係上的一大阻礙，畢竟，誰都不喜歡被人指責與糾正的。所以，處女座的人對於判斷事物的態度上，最好要學習絕對的客觀與不具偏見的立場，如此不但在事物的處理上，或是人際相處的關係上，都能得到完美且和諧的境界與結果。

處女座的人屬於地象星座，因此對於事物的要求標準，也總是以完美精緻爲

依歸，討厭馬馬虎虎、不完美或不精緻的事物或處事態度，所以經常於待人處事上，就會出現如很「龜毛」、挑剔，甚至「過敏三郎」類型的行為態度。他們一般也都具有「潔癖」的個性展現，對於旁人的稍許缺點，亦會展現出嚴厲批判的徵象。然而，凡事均有著正反兩面的效應，由於敏感小心、正確規矩且追求完美的性情使然，因此不論在待人處事上，或是工作崗位上，均能得到他人的信賴與嘉許。當然，若是能再調適一下個性上的狹隘與挑剔性，相信你的人生將會有更好的展現。

大多數處女座的人都很念舊，對於過去的回憶或是友誼都會珍惜地保存且記憶深刻，尤其是此星座的女性更為明顯。然而，這種特性對於此星座的人卻也會造成束縛與阻礙進步的事實，由於緬懷過去而無法掌握現在與未來，所以還是要適度地控制此一性情，否則，對於你們現在或未來的成就發展，均是一項明顯的障礙缺失。

處女座的符號，是一位手中持有一串穀物的處女，這個意義是象徵著處女座

的人，你們對於智慧成就果實的獲得，並不是憑著想像或是與生俱來的，而是靠著你們一步一腳印、規矩踏實地經驗累積所成，因此在平時的待人接物與處事態度，你們不但會小心翼翼地去經營，而且更會應用天生聰明智慧的頭腦去妥善處理安排所有的事物，所以，處女座的人也經常是一位很優秀的評論分析學者和編輯人員，因此常常可聽到他們的口頭禪是：「根據我的分析結果，這種事情應該……」。

其實，對於處女座的人個性的分析，我們亦可經由其星座命名來推想演繹。處女者，即未經人事的女人，是象徵著一種完美、保守、規矩，與不容侵犯的意義，再加上其「類型性質」的徵象配合，如此即可很清楚且分明地了解此星座於各方面所展現的特性了。

二、感情

處女座的男女，對於感情處理的方式與態度，大多屬於清純、害羞與小心翼

翼的類型。他們與異性相處會很仔細地觀察對方，並且還會經過再三地檢討與了解，才會眞正地談及感情，因此，一般而言，處女座的人常有晚婚的現象，甚至其中不願結婚的也佔了極高的比例。

大多數處女座的人，對性愛生活都抱持著一種漠不關心且冷淡的態度，這是因爲他們太過於的完美主義，而導致其很難找到完全合乎他們標準完美的人選。

處女座的女性對於性愛所表現的態度，可是會令很多男性傷透腦筋且不戰自退，例如她們的潔癖個性，致使對於性愛行爲有著恐怖且污穢的心理傾向，因此對於一些性愛前撫慰行爲一概不合作，如拒絕身體被撫摸、正面的接吻動作，以及性交時也拒絕裸體；當然，若是在明亮的地方，更是不可能答應做性愛的行爲。諸如此種種性愛的意識型態表現，相信一般的男人，絕對沒有幾個能忍受得了。

處女座的男性對於性愛所表現的態度，那可是一種追求完全主義的典型，他們會很巧妙地將氣氛熱度提升，而且很在意自己是否能讓對方完全地滿足，因

此，舉凡有關自己性器的大小，以及持續時間的長短，都是他們極爲在意的要事。如果有任何一項足以使對方不能滿足，他們必會想盡辦法去圓滿處理，例如服藥、性器整型等。

綜合以上所述，處女座的人在選擇性愛相好的對象時，大致可考慮牡羊座、摩羯座、巨蟹座與天蠍座等對象。如此一來，相信在性愛一事方面，定可求得彼此的和諧與快樂滿足。

至於婚後處女座的人，又有何種表現呢？

(1)處女座的妻子：她們會是一位很照顧丈夫、孩子與家中一切事物的好妻子，但是，由於天性的神經質，所以，往往會表現出一家之主的權威與管家婆之徵象，然而，這個現象有時還反倒是令家中成員覺得挺不自在且麻煩的事。儘管如此，大體上而言，她們還眞是一位很好的妻子與良母的類型。

(2)處女座的丈夫：由於天性中的完美主義與潔癖個性，所以婚後，大都不太容易受到外界誘惑的影響，老老實實且規規矩矩地去做應該做的事，大致上來

說，是一位老實且中規中矩的好丈夫典型。

三、財運

處女座的人一生有很好的財運，但是，天生過度揮霍浪費的習慣，致使想要他們存下一筆積蓄，對他們而言可是相當地不太容易。因此，建立一套避免揮霍浪費的理財計畫，實在是此星座之人的當務之急。

處女座的人，由於天性的內向與羞赧，因此，對於人際關係的建立與應用，實在是毫無概念，但是，爲了要取得更多的金錢和財富，靈活且順暢的人際活動，正是你財運盛衰的關鍵所在。

處女座的人，前半生的經濟狀況不會很理想，可能還有困苦拮据的窘況，但是，後半生卻往往會有意料不到的錢財獲得，如可能常年盡忠職守地爲人效力而得到對方的遺產，或是經營副業而大獲財富的利益等。另外，若單以財運而言，出外謀財遠比在出生地有利。

處女座的人文筆都不錯，再加上天生敏銳的觀察力與分析能力，所以經常能以犀利的文筆享譽於文藝界，而成爲一位優秀且具有建設性的評論專家，這個成果亦可爲其賺取不少的財富利潤。

四、事業

處女座的人是一個很專注實際的工作者，他們不但具有得天獨厚敏銳的觀察力與分析力，而且還會不斷地追求新的知識，以增進其對事物的掌控能力，再加上天生有追求完美主義的意識型態，所以，不論是在事物的要求與實行上，必也實實在在、中規中矩地去完成之，因此總可得到大眾的稱許和肯定。

但是，由於你們個性上的內向、羞赧與過份地拘泥細節，致使於行爲處事時，缺少了一份衝勁與開創，所以，最適合爲人作嫁，或於有組織的企業機構做一位幕僚人員，但可千萬不要自己創業，或是企圖做一個領導者的地位，能如此，你不但能充份且熟練地發揮專長，而且更可得到眾人的肯定、好評與社會地

位、聲望。

由於先天具有分析、研究與批判方面的才能，因此對於有關調查、研究、統計、分析和編輯等需要細密繁雜，且知識豐富的工作，均可勝任愉快。

處女座的人適合選擇的職業有：評論家、電腦相關工作、公務人員，和需要整理事務系統的工作如秘書、書記，以及律師、教師、雜誌編輯人員、護士、藥劑師、電視編導、餐廳飯店的經理、園藝農業研究等。

你們在事業上開展順遂的年齡有：14歲、23歲、32歲、41歲、50歲、59歲、68歲等。

一般而言，處女座的人於工作上的表現，總能得到上司提拔的福氣。

五、健康

處女座的人對於身體健康的保健，可是非常注重與在意的。由於先天具有較爲過於敏感的體質，以及追求完美主義的性情傾向，因此，他們所會得到的疾

病，一般大多不是屬於什麼重病，反倒是一些心理上神經質的病症較多，而且對於藥品的倚賴心很強，所以，若是你有處女座的朋友，有空到他的住處去參觀一下，保證能發現桌上或化妝台上陳列著一罐罐各式各樣的保養健康的藥品，而且他還可以向你清楚地解說這些藥品的療效與功能。

根據統計，處女座的人易有鐵質不足的傾向，所以，諸如貧血、內分泌系統，與婦科方面的疾病較常罹患，因此，對於含有鐵質成份豐富的食物如生蔬菜、豆類、蘋果、梨子、芹菜、蛋類、肉類等，均是很適合多多地去攝取食用的。

六、結語

處女座的人，由於受到先天內向個性與追求完美主義的傾向，所以，一般對於現實中瞬息萬變的情況，經常會呈現出拙於應付的現象；再者，過度敏銳的觀察力，也致使你們的精神狀況呈現出緊張不安的現象。其實，你們的天性原本是

純眞且感性的，只不過是不太喜歡與外界多做接觸，這一點若是能加以改進，相信再加上你們強烈的求知慾望與穩重的做事態度，如此對日後的人生一定能有所幫助與增益的。

天秤座 ♎（國曆九月廿三日～十月廿二日）

◎基本資料：

守護神：金星、水星。

類型性質：本位星座、風象星座。

宮位：第七宮。

屬性：陽剛、積極主動。

形象：天秤。

身體部位：腰部、腎。

慣用語：我權衡……，依我衡量的結果……。

性情徵象：和諧、衡量、合作。

◎相關資料論述：

一、個性

天秤座的人，由於出生的季節正好是白天和晚上的時間相同，因此在個性上會呈現出公正不阿的一面，且是一個理智重於情感的類型。不論是在什麼場合，他們都會保持著沉默且冷靜的態度來衡量分析周遭的一切，尊重他人且站在中正的立場來處理協調他人的糾紛，因此常被人視爲有魅力吸引的偶像。當然，這與其守護神水星有著密切的關係，但儘管常居於協調的身分，卻絕不會輕易地改變自己一貫的原則，而去附和迎合別人。

由於天秤座是屬本位星座，因此對於生活的重心往往只重視眼前目下的一切，而且喜歡居於帶頭領導的地位，他們喜歡受到別人的認同與肯定，不喜歡一個人唱獨角戲，因此，我們經常可在團體中發現，此星座的人通常都是最爲顯眼活躍的帶頭起鬨者，他們的內心總是渴望藉著這種公開的場合來獲得別人的友誼及陪伴，但是儘管如此，他們仍然能以理智來抑制感情的衝動，而不做出有失自己身分的事。這就是天秤座理性、中庸且均衡的個性特色。

天秤座是屬於風象星座之一，所以此星座出生的人頭腦都非常地聰明，他們對於新的事物或是周遭的一切事物，也都極具探討分析的興趣，尤其是屬心靈層面的問題，更是令他們興趣盎然，因此，天秤座的人經常在人群中是扮演著一種諮詢顧問的角色，而且他們也津津樂道此爲人服務的機會，經常會聽到他們掛在嘴上的口頭禪爲：「根據我衡量分析的結果應該……」

天秤座的人是一個非常的理想主義者，凡事都盡己可能地處理得完全周到、公平合理且一絲不紊，但是，一旦遇上是自己的事，卻反而呈現出優柔寡斷、難以決定的現象，這是此星座的人之缺點。再者，由於受守護神水星的影響，平時對任何事物甚少會表達自己的意見，或是有發牢騷、發脾氣、憤怒的情形，不過一旦讓他們忍無可忍而爆發情緒時，那可就會有如颱風過境般，把什麼陳年老賬全部翻出來清算得徹徹底底，可是，這種現象來得快，去得也快，一旦當他們冷靜清醒時，又會對自己的行爲舉動感到驚訝、難過且自責。

大抵而言，天秤座的人對於情緒慾望的控制，均可保持著一種均衡的狀態，雖然天生即具有強烈的正義感與公平競爭的理念，但是，由於待人處事的合情合理，以及自我努力地追求新知識，因此在社會團體中，他們都是很具魅力、受歡迎且被認同肯定的對象。

但是，千萬不要忘了，那就是要保持自己一貫的原則，否則，到頭來一定會發生「兩面不是人」羞辱窘態的遺憾現象。

天秤座的人是非常地尊重法治的公平，在他們的心中即有著一把評估事物的標準，在決定協調事情之際，絕對不會摻溶自己的情緒而擾亂公正無私的立場，

然而，也由於長期性如此的處事態度，所以有很多時候會令他周遭親近的人們感覺到「不關心」、「冰冷」的現象，其實，這又何嘗是他心中所願呢？只不過這是天生理智重於感情的效應吧！

因此，天秤座的人爲避免此一困擾，最好是於處理事物之時能溶入一些感情的訴求且動之以情，如此可能就不會出現一些太過於硬性與不通人情的現象。當然，這樣的考量對你們人際關係的加強與發揮，也更有著實質上助益的效應。

二、感情

天秤座的人是屬於理智型的感情動物，他們不會主動地先去接觸愛情，而且對於愛情的理想要求很高，因此，除非是對方先行發出愛的訊息，或是主動來與其示愛，否則，他們絕對不可能自己去找尋愛情的對象。再者，由於理智重於感情的因素，所以也不會沉溺在愛情的漩渦中，或是呈現渴望愛情的現象。

天秤座的女性喜歡聽甜言蜜語的情話，以及被求婚的感受，但是卻不會因此而結婚，不過，由於缺乏主見與判斷力，所以經常會有錯過難得的機緣與幸福。

天秤座的男性對於美貌的女性，往往會受其誘惑而做出一些令自己都無法想像的事，例如理智會變得脆弱，判斷力會「凸捶」等。

天秤座的女性對於性愛是屬於那種「不碰則已，一觸即發」的典型。她們不會主動去挑起性愛的慾望，不過一旦被男性接觸撫摸，即會有非常強烈且激情的需求；尤其是新潮變化刺激的舉動，更是能令她們興奮到極點。

天秤座的男性對於性愛可是笨拙且自私得可以，他們不但無法控制氣氛上的熾熱度，而且只求自己的快樂與滿足，也完全不理會對方的感受如何。因此，在感情的生活中，他們往往是扮演著失敗者的角色，而這個不幸遺憾的結果，其因即在於他們性格上薄情又利己的表現。

綜合以上所述，天秤座的人最適合的對象大概有：雙子座、水瓶座、射手座、獅子座，或天秤座等。但切忌與性交幼稚的巨蟹座，或是毫無情調氣氛可言的摩羯座等相好，否則，結局一定不歡而散，甚至分道揚鑣、互道珍重。

至於婚後的表現：

(1)天秤座的丈夫：大體上而言，天秤座的丈夫是一位很可靠的伴侶，即使在相互間的感情出現裂痕，他們也不會因外面的風流韻事而影響家庭。另外，由於是完美且理想主義的要求者，所以對於妻子的美貌與能力，有時會出現要求過高的現象。

(2)天秤座的妻子：在家庭中，她們是很具品味的伴侶，不但時時將自己妝扮得「水噹噹」，而且對於居家生活的品味也是非常注重的。可是有一點，卻也是很令人頭痛的，就是她們不太愛下廚房，或做家事，有時發起嗲來，更是會令做丈夫的不知如何是好。不過，儘管如此，她們還總是能發揮其天生迷人的魅力，且使得丈夫對其呵護備至。所以，大體上而言，天秤座女性的婚姻，大多是呈現美滿幸福的徵驗。

三、財運

天秤座的人一生財運順遂且豐富。他們不但能有效地控制與分配資金的流向，例如一部份資金用作投資、一部份資金存在金融機構、一部份資金用來作投機生意等；而且向來的運氣極佳，因此大多於中年以前，即擁有一筆爲數可觀的財富。

天秤座的人在不動產的買賣上經常可獲得很大的利潤與財富，這是因爲他們有很敏銳的觀察力和分析力，能夠清楚且明確地判斷買進賣出的關鍵時機；不過，老是以短線投機來經營或是去賭博，那可就沒有幸運之神來眷顧了。

另外，天秤座的人之財運，往往與異性有著很大的關係，而且經常由異性方面得到一些意料不到的財富，如遺產、贈與等。當然，這對一般人而言，是絕無僅有的事，甚至一輩子也沒有那份機緣，可是對天秤座的人而言，他們就有這樣的運氣。

還有一種很奇怪的財運，若是換作別人，那可能也同樣會遭到滑鐵盧失敗的下場。是怎樣奇怪的財運呢？那就是對於一些別人很難做得起來的共營生意，一且他們接手且與人協力經營，大多會反呈現賺錢獲利的局面，這種好的機運實在是很令人眼紅，但若深入一層探討，他們天生所具有優良的分析與觀察力，實在就是其中致勝的關鍵所在。

至於天秤座的人，你們財運開展的年齡有：18歲、27歲、36歲、45歲、54歲、63歲、72歲等。

四、事業

天秤座的人心理無時不存在一根天秤在計算均衡著一切事物，你們不會無聊地去管他人的閒事，也不會消極地對事情畏首畏尾；對任何事情你們會努力地去尋找一個平穩、合理且協調的角度去解決，因此，你們喜歡與人合作，且共同地來爲未來的前途道路奮鬥。是故，對於一些玄學、宗教等相關的職業，並不太適合你，甚至對那些狂熱的宗教徒，你們會覺得是很愚笨的行爲。

天秤座的人天生即具有極優秀的審美觀念，這與你天性中理想主義概念很契合，因此，只要能符合完美、理想與調和的工作，你們都會盡心盡力地去完成它，至於是否能得到地位或金錢，反倒不是你們所希望爭取的。所以，一般而論，在所有的星座中，你們對於社會回饋與服務的心，可算是其中之佼佼者。

由於天秤座是屬風象星座，因此對於事物的分析與探討能力特別的敏銳與有建設見解性，再加上有本位星座與守護神水星的效應配合，所以，你們不但天生具有聰慧的頭腦，對於工作的積極努力，以及抱持著盡善盡美的做事態度，因而於社會人群中，均可獲得大家的認同與肯定，甚至還挺有人緣的魅力。

天秤座的人比較適合的職業有：藝術創造家、設計師、觀光服務業、美容化妝師、尖端模特兒、檢察官、作家、律師、諮詢顧問、證券關係行業等。

至於你在事業上開展的年齡為：15歲、24歲、33歲、42歲、51歲、60歲、69歲等。

五、健康

天秤座的人對於氣候的冷熱變化，不但敏感，且不具抵抗力，所以，一年四季裡，你們都是流行感冒的常客；當然，這對於身體的健康維持，也是一大煩人的要素。因此平時就應該多做運動，讓體內的抗體增強，如此或可減輕、改善先天體質的缺失處。

你們一般比較易患且常見的疾病有：血糖過高，肝、腎方面的病症，感冒、偏頭痛、高血壓、心肌梗塞、腰部疾病等。另外，由於有暴飲暴食的習慣，因此對於胃腸消化方面的病症亦同時要注意爲宜。

再者，於飲食上，除了不要有暴飲暴食的習慣外，對於肉類儘量以少吃點爲宜，多吃疏菜、水果與鈣質含量豐富的貝類，不但可清血，而且還有增強抗體的功能。聰明的你，相信不會拿自己的身體健康來開玩笑，或是耍性子吧!?

六、結語

天秤座的人是社會上最富公平且正義感的一群，他們待人處事儘量是以平實且調和的理念來行爲之，因此，在人群中，他們是很受大家的歡迎與肯定；在社會團體中，他們往往是處於協調和規範的超然地位。

雖然，你們有以上種種的特色與優點，但是，由於凡事均想將其處理得極爲完美與理想化，所以經常會有自失原則的遺憾，再加上天生即缺乏魄力與耐力的個性，尤其是在協調無效時，常會雙手一攤，擺頭走人，而留下目瞪口呆的雙方當事人。針對此種因個性上的缺失，而造成大家都不愉快結果的改進方法，除了儘量避免做中間的協調人外，耐力與魄力的自我培養增進，實是最佳的改善途徑，否則，一旦淪於「兩面不是人」的窘境，反而不好。

早年的運途不會很順遂，且不穩定，但由於個性上的平實與穩重，一般而言，到了晚年大多會有很好的社會地位與名聲。因此，對於目下不順與不安定的情況，千萬不要喪失信心，也不要操之過急，一切平穩篤實地努力下去，最後成功的果實一定非你莫屬。

天蠍座 ♏（國曆十月廿三日～十一月廿一日）

◎基本資料：

守護神：火星、冥王星。

類型性質：水象星座、固定星座。

宮位：第八宮。

屬性：陰柔、消極、被動。

形象：蠍子、老鷹。

身體部位：膀胱、直腸、生殖器官。

慣用語：我想要……，我的願望……。

性情徵象：神秘、意志力、再生能力、足智多謀。

◎相關資料論述：

一、個性

蠍子，在沙漠中，是一種很神秘、很毒，又很冷酷靈敏，但外表卻不很起眼的小動物，然而，一旦被牠螫到，那可是一件要人命的事。

天蠍座的人其個性的展現就宛如蠍子一般，平時保守沉默有自信，也不會主動積極地去招惹或關心周遭的事物。不過，在他的潛意識裡，早就在盤算要如何地去行動、去應付了。人前人後總是先行將自己隱藏封閉起來，外表看似沉默陰柔，但卻具神秘的魅力形象。凡事小心慎重，沒有萬全的準備絕不會輕易動手去做，心地很誠

實、重信諾，最討厭違背自己的人，一旦逢之，必然報復到底，而且是非常強烈且痛擊的手法爲之。

對於事物的觀察洞悉力很敏銳，這種能力是其他十一個星座所無可比擬的，而且忍耐力又很強，所以他們比任何人都還要冷靜，只不過，人畢竟是感情的動物，一旦爆發，就連自己也無法控制，甚至造成兩敗俱傷亦在所不惜。

天蠍座的人天生自尊心即很強烈，一旦他們決心要做某件事情，他們一定會盡全力地將其完成，甚至不管對錯如何；另外，又由於事事要求盡善完美，對於每一個細節都必然親手處理，所以經常會因此而得罪於人，且容易讓自己過度疲累。

對於擁有兩個守護神的天蠍座而言，火星所代表的攻擊與積極性，熱情、野心與決斷性，以及冥王星所代表的神秘與死亡性，這種同時具有陰陽、正反、明朗的個性，致使他於社會人群中印象的反應不一，甚至有時連他們自己也摸不透下一分鐘會表現出何種的行爲舉止來對待之。因此，天蠍座的人往往善於隱藏自

己的一切，閉鎖而不開朗、內斂而不顯露、沉著而不善辯、陰柔而不激烈，予以人一種陰柔但又神秘的印象，這就是天蠍座的性格，很怪異吧！

由於天蠍座的人是那麼地陰沉又怪異，所以，一般而言，他們在人際關係的表現上，實在是乏善可陳。例如，他們不願將心中的秘密透露給他人，然而，一旦秘密被別人得知，他們會非常地憤恨且思及報復的方法；但是，對於他人的事情或秘密，他們不但好奇，而且會追根究底去追蹤調查，務必找出隱藏在背後的事實或答案才會罷休。

因此，基於此種怪異的個性，在十二星座中，能與其合得來的星座也不多，如摩羯座、雙魚座、處女座、巨蟹座等；當然，若是你們能有效地控制自己的感情，以及偏執、不信任的態度，相信對於你一生運途的順遂與否，將會有很大的轉變與增益。

天蠍座的人天生具有靈敏且準確的直覺力，他們不但能透徹地了解對方心裡在想些什麼事，而且對於自然界的氣數變化原理、現象，有著令人難以相信的精

神能力，因此有時候他們會做出一些他人視爲奇蹟的事，例如，對死亡的毫不恐懼，對宗教的不崇拜、不迷信等。因此，千萬不要將自然界中一切的造化歸諸於宗教神明，且在他們面前訴說，否則，你不但會碰得一鼻子灰，而且甚至會產生嚴重的自卑感。爲何會如此說呢？因爲這些宗教神明的理念與教義，對他來說，還眞是小巫見大巫差得遠了，如果換做他來闡述，保証對方不馬上「還俗」才怪。各位宗教界的朋友，若不相信，不妨親自去實務驗證一番，至於結果如何，可不要怪筆者事先沒有說清楚哦！

二、感情

由於天蠍座具有火星熱情且激動，以及冥王星神秘又陰沉的個性影響，所以，此星座的人對於愛情的表現，雖然不會主動去傳達表明，不過，一旦看上了，他們會投入強烈且專注的感情去愛；相對的，他們也會要求對方如此，且一定不能違背、有二心，如果他們發現對方違背了他，或是對他有不專情的現象，

他們定然會採取極爲暴力傾向的報復行爲。因此，對於此種情緒的反應，若是沒有好好地加以控制，他們即會變成感情惡魔的化身，強烈地佔有慾與嫉妒心，將會使其喪失理智如蠍子般地伸出毒針，欲置對方於死地而後快。

天蠍座的人在選擇對象時，並不很重視對方的容貌美麗，由於與生俱來洞察人心的能力很強，所以他們所追求的愛情是實在且具有共鳴性的。因此，除非不愛，否則還眞有愛得死去活來的現象。所以，對於此種非常兩極化的對待愛情態度，最好還是多檢討、多改進、多控制爲是，否則，悲劇就會常出現在你們的身上。

天蠍座的人原本就是與慾念、性慾有強烈相關聯的星座，因此，不管男女，在性愛肉體上的需求，都有著強烈且旺盛的感受。

天蠍座的女性對於性愛的表現很專注且強烈，一旦鍾情於男性，她們會無怨無悔地傾注她們的熱情。她們體內的性感帶經不起撫摸的誘惑，高潮更是可以源源不斷地享受，當然，面對著此種不但精力旺盛，且對性愛有高度快樂享受的天蠍座女性，無法持續長久時間的性交，是絕對不可能讓其滿足與盡興的。這一點還盼相關的男性要特別謹記爲上。

天蠍座的男性對於性愛的表現亦同，但是，由於天生強烈的自尊心，以及謹愼小心的個性，所以，除非是對方主動，否則他們絕對不可能自己主動要求。此星座的男性天生具有較爲強壯、健康的體格，在性愛的過程中，又有令其他男性旣羨慕又嫉妒的持久力，因此，往往能令女性在此方面得到盡興且滿足的快樂感受。

由於受了冥王星神秘氣數的影響，討厭在光亮寬敞的地方做愛，喜歡在舒適且具羅曼蒂克氣氛的房間內進行，可是，對於性愛前的撫摸調情動作，卻經常地會疏忽或敷衍帶過，這眞是一項美中不足的個性缺失，有心的此星座男性，不妨檢討改進爲是。

了解了天蠍座的人有關性愛方面的表現資料後，你認爲會有那些星座與其相好較爲適合，我們可以大致整理如下：如稍帶虐待但卻持久的魔羯座、可無限享

受性高潮刺激的雙魚座、喜歡在舒適的密室性交且可連續享受好幾次性高潮快樂的巨蟹座、喜歡用藥或性器具使對方能達到性愛滿足的處女座等。至於如水瓶座對性慾沒什麼興趣，或僅可做一次衝刺的獅子座均不適合。

至於天蠍座男女婚後的表現狀況又會怎樣呢？

(1)天蠍座的丈夫在家庭中是可靠又可信賴的，雖然在性情上很具有吸引女性的魅力，但是除非爲了財富與地位，他們絕不會用此魅力去騙取女人的感情。不擅外交且心腸很軟，所以大多數是很顧家的男性。

(2)天蠍座的妻子在家庭中的表現很兩極化，若是爲丈夫所疼愛珍惜，她必定是一個理想又顧家的妻子，但若是對婚姻失望，或是不受丈夫的疼愛珍惜，則會變成一個很頑固、不講理且可怖的妻子。另外，天蠍座的女性在性慾上的需求量旺盛且強烈，這也是經常造成丈夫煩惱與自卑的一項重要因素。

三、財運

天蠍座的人對於選擇創造財運的氣勢很強，他們會很慎重地精挑細選工作或是有能力、有財力的大公司等依附，如此不但不會有失業的煩惱，而且對於日後的升遷或待遇都有著較好的前景。

天蠍座的人出外賺錢的財運遠比在出生地來得好，由於天生對事物敏銳的洞察力，以及慎重積極的處事態度，因此，出外較容易得到兩種以上的賺錢途徑，尤其是處於時下瞬息萬變的社會型態中，天蠍座的人更會適時適地地抓住機會來投資賺錢，但他們也絕對不會去做那些不可靠且具冒險性的事業，畢竟他們對於自己用能力所攢下的錢財，可是以一種非常慎重地態度來保護掌握之。也因爲對待金錢的態度如此，所以有時會爲了金錢的緣故，而做出一些令人憎惡不歡迎的行爲，例如，買東西時喊價殺價的行爲、對朋友斤斤計較、一毛不拔等，不過還好，一般的情況都不會太過於惡劣或是遭人唾棄。

你們一生財運強勢之因，是在於你們善於抓住一切賺錢的機會，而且會以慎重保護的態度來對待所獲得的財富。因此，對於投機或賭博之類的財並不適合你們，千萬不要去招惹觸碰之，否則下場將會是很悽慘的。但是對於不動產的投資，倒是非常適合且有財運，不妨可參改一下。

另外，婚姻對天蠍座的人也會帶來財富，有人會因結婚而得到財富，有人會因婚姻而抓住賺錢的機會，或是會因此而承繼遺產的贈與。這一點倒是會令其他星座的人又羨慕又嫉妒，但又能如何呢？命也！運也！半點不由人。

四、事業

由於天生沉默、不愛現，又常給人以一種陰陽怪氣的印象，所以一般而言，對於一些社交公關人際的工作較不適合，除非是積極地學習說話的技巧與待人處事的社交人際技巧。但是，對於探討與調查有關的行業卻有著卓越的才能，因此如佈局推理的小說作家、探討生命神秘資訊的科學家或醫生、調查秘密的偵探等。

另外，適合天蠍座的職業工作，我們也大致地綜述歸類於下：

(1)調查探討類的職業：命理研究者、醫生、偵探、宇宙科學家、推理作家、探險家、生化藥劑。

(2)專業技藝：運動家、技師、治療家、歌星、模特兒、參謀、政治家、企業家、開礦技師。

你們於事業的開展年歲有：20歲、30歲、40歲、50歲、60歲、70歲等氣數點，在此提出供作參考。

五、健康

天蠍座的人一般都有著極強的生命力，即使在處於惡劣困頓的環境中，他們也會如奇蹟般地安然度過，所以，也往往基於這個因素，致使他們對於自己的身體健康狀況太過於自信且鐵齒，而造成不可以收拾的後果。

此星座最大的缺點就是有偏食的習慣，所以經常會造成營養不均衡與消化不良的現象，如一些胃腸、直腸、便秘等病症，就是時常可見到的。再者，最要注意的是生殖器官與排泄器官的病症，尤其是它們所誘發的併發症狀，更是有著重大的影響層面。另外，痛風、鼻、咽喉與內分泌系統等病狀亦是不容忽視的。俗話說得好：小病雖然死不了人，但卻是很煩人的，例如少年得「痔」，並非重病，不過一旦發病，卻也是很折騰人。所以奉勸天蠍座的人對於自己身體的健康，可不要等閒視之，或是太過於鐵齒。尤其是到了中年以後，定期的健康檢查對我們的身體預防保健，實有著絕對的好處與助益。

六、結語

天蠍座的人由於受到火星與冥王星星性的影響，所以，大多數的人都會呈現出一種陰陽怪氣的個性徵象，尤其是在公開的社交場面，更是無法自然地與人熱情的相處，因此，在你的生活圈中，知心的朋友可說是少之又少。

再者，目前時下的社會趨勢，完全是一種人際關係的互動型態，人與人之間若是缺乏了此相互的運動關係，不但會招致眾人的排擠，而且也會造成日後成功的一大阻礙。這層意義關係重大且非比尋常，你們可不要等閒視之。更何況，在你們的天生血液中，還流有著熱情且積極的因子，何不將它展現出來且中和前述陰陽怪氣之徵象，如此一來，相信不管在人前人後，甚至對你日後的成就均有著很大的實質助益效果。天蠍座的朋友們，這點建議還盼對你們有所助益，不妨參考參考吧！

射手座♐（人馬座）（國曆十一月廿二日～十二月廿一日）

◎基本資料：

守護神：木星。

類型性質：火象星座、變動星座。

宮位：第九宮。

屬性：積極、主動、陽剛。

形象：帶著弓箭的人馬獸型。

身體部位：臀部、大腿。

慣用語：我可以預見……，我看到……。

性情徵象：有抱負、愛好自由、理想主義、喜歡冒險開創新奇事物。

◎相關資料論述：

一、個性

射手座出生的人，其個性就如同星座形象中那支射出的弓箭一樣，坦率、誠實又快速猛勁，因此，他們不論做什麼事都很快，也很性急，思考與行動幾乎是同步行動的，討厭受約束、愛好自由、性格開朗且樂觀，雖然有時亦會悶悶不樂，但不會長久

拘泥與牽拖。所以，一般而言，他們在社交關係上，總能應付自如且面面俱到。

射手座的人對於各種事物都充滿著新鮮好奇的興趣，而且想到即會馬上動手去探求它的原委，然而，由於天生個性的粗枝大葉與不拘小節，因此常常會有不

經過思考過濾即做出結論的現象，當然這是一種很危險的處事方針，但是，由於射手座是爲有吉祥象徵的木星所主宰、守護，因此，往往也會有逢凶化吉、轉危爲安的助益效能。

天生精力充沛的射手座，討厭一成不變呆板的生活型態，他們喜好交際，也嚮往冒險開創的人生，所以不論在社會人群中，或是家庭中，他們經常都會有出奇不意、令人讚嘆的行爲舉止發生。例如，大夥都贊成的一個意見，可是，他卻對這個結果存有懷疑且不滿意，此時，他不但會毅然地提出反對的聲浪，而且會對其中的疑點提出各種角度的辯駁，並企圖求得大家的認同與肯定。然而，一旦經大家認同與肯定後，他卻反而會呈現置身事外、干卿何事的態度。

射手座的人，一般而言，不但關心自己生活上的事，而且對於社會團體大衆的事也非常地關心照顧，因此他們會不停地自我學習與進修，以便能達成他崇高的理想願望。然而，由於其天生個性中缺乏耐心與毅力的因子，所以往往會有半途見異思遷而另謀他事的現象。

射手座的人天生即具有直來直往與不會拐彎抹角的個性，因此，他們會經常在不自覺中，而得罪了他人，尤其是他們先入爲主與自以爲是的理念，凡是經由其認定爲敵對的關係時，他們會以最嚴厲且殘忍的手法予以對方痛擊，由於他們的行動力是如此地凌厲且無懈可擊，因此經常會使對方遭受到無法招架的現象。但是，這種不經由大腦思考判斷所遽下的結論，經常也造成他事後無以彌補的悔恨與遺憾。然而，天生的臉皮厚，以及開朗樂觀的個性使然，這種黯然的情緒不用多久，就會有如過眼雲煙般地消失殆盡了。

射手座的人也很在意周遭環境對其的認同肯定如何？如果是對其很認同且肯定，他們會將其本性中的誠實、正直與慷慨的特色表露無遺；如果是不認同也不肯定的話，他們不但會有自暴自棄的行爲展現，甚至於還會自我作賤地與其隨波而逐流了。例如在一個公司中，由上至下的人員都是靠著送紅包的賄賂行爲而鞏固自己的地位，唯獨他一人是以誠實且正直的態度自居；當然，後果如何，自是不待筆者多言，大家一定也知道答案。對於受到這種不認同且不肯定的事實時，

射手座的人不但會隨波逐流，而且還會更以同流合污的手法排除異己，而達到鞏固自己地位的目的。當然，也有自捲舖蓋大不了老子不幹了的情形。

其實，對於射手座的人而言，不管環境對其加諸了什麼樣的阻礙或是情況，他們總也會自尋一條最合適的道路來走，而且還一定不會讓自己感到彆扭與不愉快，否則，他乾脆就不走了。

由於一輩子受了此種開朗、樂觀又隨緣的個性影響，所以，他在人生的這條道路上一路行來，也大都走的很瀟灑、很隨性愉快，儘管途中或有些不順遂、不合意之事，可是他們也都能很快的將其瀟灑地解決之。

二、感情

射手座的人個性率直親切，又不會認生，因此很容易與人打成一片，再加上具有多才多藝與豐富的情感，所以，他們的社交層面非常地廣泛，且爲許多人所喜歡。

天生喜愛自由，開放又率直的你，一旦逢遇愛神的眷顧，一定公開且坦然的接受，而不會裝模作樣地加以隱瞞，或忸怩作態。異性緣很好，也很受歡迎，喜歡主動地追求愛情，感受那一份追求的刺激，雖然也有一層自我的道德規範約束，不過，一旦當戀愛熱烈地燃燒起來之時，什麼道德規範、什麼社會的看法與眼光，一概拋置於腦後，眼前大概只有如熊熊烈火般燃燒的戀情而已。此時若有那個不開眼的人提出忠告或反對的意見，不但完全沒有效果，甚至還會招到他激烈的反彈與抗拒。對於射手座這種盲目且不顧一切地愛情觀，實在是需要好好地檢討一番，否則當熱情減弱時，再來後悔也已無濟於事了。

對於喜歡刺激變化的射手座的人，在性愛的態度又會有何種的表現呢？

射手座的男性對於性愛的表現，平時與戰時完全地不同。平時爲一介風度翩翩且有理性的紳士，也很受到異性的青睞，不過，一旦上了戰場，就彷彿變成了一隻獸性大發的野獸，熱情且激烈，再加上熟練且多變化的技巧，往往亦能使女性的高潮達到最高點，且能感受到那份無以言喻的快感境界。然而，一旦激情過

後，前後就判若兩人，甚至沒有溫柔撫摸的後戲動作。

射手座的女性對於性愛的表現，只要是她喜歡的男性，不論是在什麼時候，或是在什麼樣的地點，都可以發生性交的行爲；毫放大膽的作風，也不在乎赤裸裸地袒誠相見，即使是在大白天，也一樣不在乎、無所謂。儘管她們對於性愛的表現態度是如此的豪放自然，但是，一般而言，能眞正享受到高潮的次數並不多，甚至有時還會因對方太過持久的耐力，反覺得厭惡與不耐煩。

綜合以上所述，射手座要與哪些星座相配才會較爲適合呢？大致上是以獅子座、天秤座、射手座、牡羊座、水瓶座等較爲適合。至於像有潔癖的處女座、忸怩執拗的雙魚座，或是矯揉做作的天蠍座等，絕對不適合。

至於婚後的射手座又有什麼樣的表現呢？

(1)射手座的丈夫：婚前是一位多情且浪漫的情人，但婚後這一切都恍如南柯一夢地消失無蹤。更甚至自己仍成天地在外遊玩忙碌，嚴重的，還會是一個不顧家庭的丈夫。但是，與生俱來的正義感與責任心，還是會督促和控制他那放任不

羈遊蕩的心；當然，如果爲人妻子的妳夠聰明話，巧妙地應用一些心理戰術，相信一定能建立一個快樂又美滿的幸福家庭。

(2)射手座的妻子：由於先天個性上的豪放與粗枝大葉，所以通常不太喜歡做家務事，因此，家中經常會看到凌亂散漫的情景。個性上非常地獨立自主，可免去做丈夫很多的後顧之憂，甚至經常會有代夫出面解決問題的現象。天生開朗樂觀的性情，與不忸怩作態的舉止，使得她們仍然被視爲最具有魅力的終身伴侶。

當然，如果射手座的男女性對於那種漫不經心，與太過直率的性格能稍加收斂與改進，相信你們的日子一定會過得比現在還要快樂且有意義。

三、財運

射手座的人，不論是在工作上，或是玩樂上，都具有成爲專家的才能，如果再能用心地去鑽研學習，一定能使你的財運滾滾而來。

由於出生在秋天後之冬天，且爲太陽露臉的時間愈來愈短暫的時序裡，所以

你們做什麼事都講究效率、講究時效，因此，只要是你愈忙碌、愈積極的採取行動時，你的財運就會愈顯得蓬勃旺盛。

射手座的人對於金錢的慾望很大，很會花錢，但也很會賺錢，往往只要口袋裡有錢，一定會遵行　國父「貨暢其流」的準則，不花光絕不罷休。儘管有此花錢浪費的行爲傾向，但只要能不喪失勤勞努力的工作理念，愛花錢一事也不會造成重大的不良後遺症。

另外，射手座的人有先天吉祥象徵的木星爲其守護神，所以，往往會有意想不到的支助與救援，尤其是在面臨困難窘境之時。

至於你們財運的開展順遂之年有15歲、24歲、33歲、42歲、51歲、60歲、63歲等。但眞格地說，你們前半生的財運大多平平而已，但隨著年紀的增加，財運的氣勢會有愈來愈順遂的展現。

四、事業

由於天生個性的愛好自由與不喜受拘束，所以在選擇職業工作之時，也是以能符合此項原則的工作為主——講求速度，具有變化挑戰性，能隨性的自由發展空間因素。否則，就難以盼望有很大的發揮表現。

射手座的人，天生即具有國際性的感觀理念，因此，舉凡如學習外語、出國考察學習，甚至喜歡與外國人親近等之行為都很熱中。再者，天生對速度即具有很強烈地感官意識型態，所以對一切與速度有關的事物，也都充滿了無限的興趣，如賽車、賽馬等。

射手座的人，由於個性豪放、喜變化與愛好自由的特性，所以，他們能同時地擁有多項的興趣與職業，但是，由於缺乏縝密的思考與計畫，再加上粗枝大葉且衝動的行事作風，所以往往會造成繁而不精的現象，關於這一點，實在是需要你們自己多加地思考與改進之處。

至於你們所適合的職業有：外交官、哲學家、司法從業人員、旅遊家、傳播事業、演藝人員、飛航服務人員、騎馬師、神學研究者、出版文化業等。

一生事業開展的年歲有：21歲、30歲、39歲、48歲、57歲、66歲等。

五、健康

射手座的人在身體健康方面，一般而言，還算是滿不錯的，精力充沛、幹勁十足，但是在呼吸系統與神經系統上就經常容易出現病症，如鼻炎、呼吸道感染炎、坐骨神經痛等。再者，肝臟的病變、黃疸與膽結石也是不容忽視的疾病。因此，多休息、均衡的飲食與多做運動，實在是必要注意的要項。另外，尤其是煙、酒，可說是構成你們健康的最大威脅要素，最好都能遠離之；還有熬夜的習慣，這是一種最爲傷身耗神的行爲，除非是不得已，但也儘量地能避免就避免。

平常多吃蔬菜、水果或含豐富鈣質的貝類、魚類食品，如此對你的健康定然有著實質上的助益。

六、結語

射手座的你是「大器晚成」的類型，前半生的運途阻礙波折甚多，然而，隨著年紀的增長，你的運勢也會隨著轉變過來，所以，千萬不要對於目下的不順遂而氣餒懊惱，也不要因爲無法超越別人而灰心喪志，畢竟，路是由人所走出來的，只要你下定決心且腳踏實地地去做，俗謂「一步一腳印」，到頭來，最後的成功仍然是屬於你的。

射手座的人有著良好的人際關係，而且有益的朋友很多，一生中受朋友牽成與提拔的機會更是經常可見，而且也是你邁向成功之路不可或缺的因素，因此在選擇結交朋友之時，眼睛可要放雪亮些，能如此，對於你日後的成功，實有著莫大影響與幫助。

射手座的人一生中最大的遺憾就是孩子少，且與孩子間的親和力不夠，這個現象並非代表他不喜歡小孩，或是不喜歡背負著這個責任，只不過基於個性使

然，且成天在外地東奔西跑，所以才會導致此遺憾的現象。

其實，在他們的內心裡，對於小孩有著非常喜歡、疼愛與照顧的傾向，不過迫於現實生活的包袱壓力，使得他們無法付諸於實際的行動。但到了中晚年以後，現實生活的包袱壓力已沒有那麼的重，也不再需要他們東奔西跑地忙碌過活，此時，他們對小孩所表現出的那份關懷與照顧，實在是不能同日而語，但這卻是他們眞正的內心情感，任誰也都無法改變的。

摩羯座（山羊座）♑（國曆十二月廿二日～一月十九日）

◎基本資料：

守護神：土星。

類型性質：地象星座、本位星座。

宮位：第十宮。

屬性：陰柔、消極、被動。

形象：山羊。

身體部位：膝蓋。

慣用語：我可以利用……，我使用……。

性情徵象：保守、努力上進、有野心、有知覺能力與嚴密的組織能力。

◎相關資料論述：

一、個性

摩羯座又稱山羊座，他們的個性就宛如星座符號山羊般地踏實與平穩，再加上又屬地象星座之一，所以他們對任何事物的認定都有著應守的規則與秩序。他們注重實際有價值的東西，而且努力地建立發展個人獨立完全的人生。

摩羯座的人是在冬天出生的，因此在性格上較呈現黯淡與靜默的特色，他們很保守，也喜歡孤獨，雖然在社交上沒有特殊的表現，但是於現實且競爭激烈的社會中，他們會展現出一份驚人的忍耐力與持久力，且步步紮實、不屈不撓地邁

向目標前進。

他們對自己的能力充滿著自信，凡是遇到困難棘手之事時，也絕不會假手他人或顯現出妥協的現象，情願自己多辛苦一點，也非得獨立地去完成。對於知識的追求與學習，也比別的星座來得積極且努力，因此不論在何人、何地、何時、何事、何物，他們都可由其中得到他們想要的知識與資訊，所以摩羯座的人大都是屬於博學多聞、見多識廣之輩，這一點也是他能傲視衆人的因素。

摩羯座的人外表看來，好像是一隻很溫馴的綿羊，不過，一旦遇到事情，尤其是那種讓他覺得有阻礙他前途發展的現象，他絕對不容許，並且會強烈地阻止消滅這個因素；因爲，在他們的觀念中，成功與成就就是他能擁有物質生活和生活安穩的安全保障，所以他們會盡一切可能地來剷除這些橫阻的障礙。

摩羯座的人具有很優秀的領導才能，他們不會甘心永遠地屈就於別人，一旦遇有適當的機會，他們會義無反顧且殘忍冷酷地將其上司踢下來，並且自己取而代之。當然，這種行爲在別人看來，似乎顯得不近人情且違背職業倫理，但是，在他們而言，能力與報酬是一個等號，我已經具備了這個能力，就應該獲得相對的回報。因此奉勸一些爲人主管者，若是屬下中有摩羯座的人，最好不要以現下的成就即告滿足，否則，有朝一日，被踢下來的人可能就是你了。

如果用「永不停轉運息的機器」來形容摩羯座的人，那實在是再恰當也不爲過的形容詞，因爲，在他們的人生字典中，永遠不會爲眼前的生活安穩而滿足；在他們的信念中，只要是還繼續活著，每一天都得過著很認眞、很充實。因此，我們可以經常看到一些已經上了年紀的人，他們每天仍然忙碌地料理著一些周遭的瑣事，儘管在別人的眼裡，早認定是應該享清福的年齡，可是，他們卻並不以爲然。這就是摩羯座最佳的類型典範，甚至有時碰上阻力太多，他們搞不好還會演出一齣「離家出走」的戲碼以示抗議呢！

大體上而言，你們的一生都過得很充實且很有實際價值，而且於事業上都會有很好的成就，但是，若再能對自己或是他人多給些感性的訴求與關懷的溫暖，相信你的人生一定會比現在來得更爲溫馨與美好和諧。

二、感情

由於是出生在寒初冬天的季節裡，因此，你們對於情感的表現，始終是持著保守、謹愼且穩重的態度，就算是眞心喜歡對方，也不會展現那種激情熾烈的放任浮躁的行爲。所以，你們會爲愛情傷害的機會也很少，但是，因此而喪失機會與遲婚的機會卻相對地增多了。兩相比較之下，好像對你們稍嫌不利，所以，爲了你們自己的幸福著想，在對待愛情的態度上，應該持較爲開朗、主動且樂觀積極的方式行爲之，如此，對於你們未來的感情生活一定有所助益的。

摩羯座的人在性愛的表現態度上，男性與女性的差距是很大的。

摩羯座的男性對於性愛是爲一種強者的姿態展現，沒有前戲的撫摸，沒有甜蜜氣氛的培養，行爲強硬、動作粗魯，只求自己性慾的發洩，再加上持續的時間又久，因此經常會造成對方的反感，但有時也會令女性達到失魂的境界。

摩羯座的女性對於性愛的表現態度，就顯得低調且平靜，她們天生的冷感體

質，再加上快感的高潮來得很慢，所以，除非是和眞正喜歡的男人，而且必須具備相當的耐力與長時間的前戲調情撫摸，否則，還眞不容易引發其性愛的慾望。不過，一旦讓她燃燒起來，不但能應和男性的動作，而且亦可達到數次的高潮。

至於摩羯座的人在選性愛伴侶，最適合的有：雙魚座、處女座、天蠍座。但千萬不要與性急的牡羊座，或是性慾冷淡的水瓶座、天秤座作爲對象。

摩羯座的人婚後又會有何種的表現呢？

(1)摩羯座的丈夫：婚後摩羯座的男性是一個老實且盡責的丈夫，然而，由於太過認眞與盡責的表現，反而使他呈現一副老成持重嚴肅的模樣，致使家中的氣氛總覺得很悶，也很沒有歡樂生氣的溫馨。

(2)摩羯座的妻子：婚後摩羯座的女性是一位典型的賢妻良母，家中的每一件事，她都會安排得妥妥當當，使得在外辛苦奔波的丈夫，完全沒有後顧之憂。但是有一點請千萬要注意，那就是不要忘了對自己的打點與妝扮，否則，成天一副黃臉婆的模樣，看久了，也會令人厭膩的。

三、財運

摩羯座的人對於金錢是看得很重，而且也非常地節儉，不奢侈浪費，因爲，在他們的理念中，擁有足夠的金錢與財富，才能使他們覺得有安全感、有保障。

摩羯座的人財富的來源，主要是在固定工作上的收入，或是長期地專注投資。沒有投機賭博的偏財運，而且由於患得患失的心理很重，因此，也經常會喪失錯過賺錢致富的機會。

對於金錢觀念節儉的你，雖說是一項好的習慣，但是，可不要太過份而令人覺得吝嗇、小氣，甚至有貪婪的現象，對於應該花的，還是要花，有一句俗話說得好：「偷雞也還得要先撒一把米。」不是嗎？

你們財運的開展歲數在：20歲、29歲、38歲、47歲、56歲、65歲等。

四、事業

摩羯座的人先天就擁有著強烈的自信心，持久的耐力與毅力，以及努力不懈的做事精神，因此，只要是他們所認定適合的事業工作，最後大都可以貫徹成功。

對於一些精巧細膩或是需要研究開發的工作，在你們而言，可是非常地適合且能發揮潛在的能力，但是，對於經常在變的流行性的工作，你們非但無法勝任，甚至會搞得頭冒金星且一事無成。因爲摩羯座是爲地象星座的關係。

再者，由於守護神爲土星的因素，所以會表現出比較憂鬱寡歡的天性，甚至顯得非常地孤獨，因此，若從事以自己的做法獨自進行的職業較爲適合。畢竟，在你們的先天理念中，就有著不甘心爲人所支配的想法，再加上對自己要求嚴格的你，同樣地，也會如此地去要求別人，如此一來，不是爲人詬病，就是引人懷恨排擠，所以，在選擇職業之前，最好能先行地自我考量一番，再行定奪。

至於摩羯座的你，比較適合的職業有：法官、政治家、律師、醫生、雕刻家、出版業、科學研究、建築測量、專業技術師、編輯人員等。

你們事業的開展年歲在17歲、26歲、35歲、44歲、53歲、62歲等。

五、健康

摩羯座的人，先天的體質就很好，一生中，大概也沒有什麼重大的疾病可煩惱，但是，由於星座支配的身體部位——膝、腿之意象，所以，對於手腳關節、骨骼與牙齒方面的疾病要多加注意。

另外，你們比較容易得到的疾病，大概就是屬胃腸等消化系統方面的病症，如胃炎、胃出血、十二指腸炎等，再加上先天耐寒力很弱，所以對於一些關節風濕痛等病症亦是常見。

平常的飲食必須定量，不宜暴飲暴食。對於鐵質、維他命A與鈣質等含量豐富的食物宜多攝取，這樣對於你的身體健康一定是有很大的幫助。

哦！還有一項忘了補充，那就是你們不適合經常作出外的旅遊，尤其是長時間的國外生活，水土不服是極易使你們的身體健康發生病變，甚至會帶來終身不

幸地遺憾。

六、結語

摩羯座的人終其一生，大都是活在自己界定的領域中，他們有自己認定的信念與規則，而且對自己也充滿著自信的力量，他們所呈現給世人的一面，往往是孤傲且獨立的印象。

但是，在他們內心深處的意識型態裡，卻有著一份濃烈的感性與知性的情懷，他們也極盼望著大眾的認識與了解，只是不善於表達罷了。

所以，各位讀友，如果在你的周遭朋友中，有屬於摩羯座的友人，你不妨可從另一個角度來與其相處交往，相信你所會得到的友誼將會是更爲誠摯、濃烈且溫馨的。

水瓶座 ♒（國曆一月廿日～二月十八日）

◎基本資料：

守護神：天王星、土星。

類型性質：風象星座、固定星座。

宮位：第十一宮。

屬性：陽剛、積極、主動。

形象：持水的人。

身體部位：小腿、腳踝。

慣用語：我知道……。

性情徵象：崇尚人道思想、仁慈博愛、獨立、富有思考能力與開創力。

◎相關資料論述：

一、個性

水瓶座的人是出生在一年之中太陽最弱的季節中，因此，他們沒有亮麗熾人的作風行爲，也不會目中無人傲視一切，再加上，他們相當地反對以暴力或權力來控制壓迫人，在他們的理念中，知性與感性才是人與人之相處的契合因素。

由於水瓶座是爲固定星座，所以他們的個性通常會有古怪與異於常人之處，他們會因爲別人對他的不了解而採取強烈的爭辯，也會將這些不了解他或是不贊同他的人拋開一邊，因此他們總是經常被看成是一個愛鑽冷門或是怪物的情況。

水瓶座的守護神爲天王星，這對於他們在拓展人際關係上有著實質助益的功效，再加上他們天生就很喜歡熱鬧的場面，所以一生中，不但可結交許多新的朋友，而且也會有經歷各種不同事物處理的經驗。

由於水瓶座是屬於風象星座之一，因此他們的智慧聰明都很高，獨立心也很強，而且還是一個很優秀的開發創造的人才，然而，由於他們的想法或是做法都是早人一步的未來派，所以經常會被現實所不能接納，但儘管如此，他們也並不在乎，甚至更會以堅決執著的理念持續地做下去；當然，這種作風與行爲，也因此替他們招來許多異議與批評的聲浪。關於這一點，還盼望此星座的人能多加地考量與收斂，否則，對於你日後的人生運途將會是一大阻礙的要素。

水瓶座的人非常喜歡結交朋友，他們對待朋友的信念完全是以精神爲主旨，所以，上至達官顯要，下至販夫走卒，不分貧富貴賤，他們均一視同仁的對待之，尤其是當他認定你這個朋友時，他們所表現的那份堅貞、那份摯誠的心，保證能讓你感動得「聲淚俱下」。

水瓶座的形象是一個將裝在瓶內的水灑向人類，普渡衆生、博愛廣施之意象，因此他們不喜歡被拘束套牢的感覺，凡事著眼於大的方向，重視與人群的互動關係。因此，也往往因爲這種大公無私的行爲作風，反被人誤爲無情的人，其實，在他們的內心世界裡，可是一個道道地地感情豐富的性情中人。例如，他們會經常在社團中或醫院裡擔任服務的義工，或是透過各種管道去尋找一些極需救助的案例，且伸出援助的手，助他們一臂之力。

二、感情

水瓶座的人一般都具有冷靜且理智的情感，他們不會因爲戀愛而完全沉溺且喪失自己的理智，甚至做出一些造成事後悔恨的事情。

再者，水瓶座的人對於愛情所持有的觀點，也與其他的星座不同，在戀愛的過程中，他們不會只愛一個人，對其他的異性也同樣地會付出愛情，但這並不代表著他們風流，而是水瓶座天生博愛個性的展現；因此，若想將水瓶座的愛情獨佔套牢，那就有如天方夜譚般地不可能。所以囉，水瓶座的人經常會被誤認爲是「愛情的騙子」、「情場的老手」，其實，他們對於愛情可是非常誠實且理智的。

既然水瓶座對於愛情的態度是那麼的理智又穩重，那他們對於性愛的表現又會是什麼樣的現象呢？

水瓶座的男性對於性愛的態度是平靜且理智的，性愛不過是他們生活休閒中的一種，很淡泊，沒有什麼激情熾熱的現象。雖然對於一些A片或是黃色書刊有興趣，且能從中吸收豐富的性知識，但卻也能有效地控制自我的性衝動。於性愛過程中緩順又能配合對方的步調，也能持續讓對方達到性愛的高潮。大體上來說，他們還是很令女性滿意的性愛對象。

水瓶座的女性對於性愛的態度就顯得太過於理智的現象，她們會如同專家般的侃侃而談，不過，一旦眞槍實彈地上陣演練，她們那種僵硬、冷淡且公式化的反應，不但一點氣氛也沒有，甚至會令男性提不起一點性趣。

像這樣對性愛感覺平平的水瓶座，最適合與如較重知性感受的雙子座、水瓶座，或是只重視氣氛的天秤座相交；當然，若是碰上需求量大的天蠍座與牡羊座，或大膽激情的射手座，則必然格格不入。

再來，我們看看婚後水瓶座的表現：

(1)水瓶座的丈夫：是一個很能包容體會太太的好丈夫，但有時，這種行爲作風卻不局限於自己的太太，而是對所有的女性都有好意，因此也經常會造成妻子的誤會，而導致口角爭吵的情形。但若做妻子的能夠了解他的個性，那家庭生活一定可充滿著歡樂且幸福的氣氛。

(2)水瓶座的太太：婚後水瓶座的女性，會發揮其天性中的那份知性、自信心與自制力，她們會很耐心且技巧地將家中成員的心繫連在一起，且以極大的關懷與愛心來照顧丈夫與小孩，所以可說是一位很賢淑的妻子。

三、財運

原本就缺乏節約儲蓄觀念的水瓶座的人，一生在經濟方面的財運經常是呈現著浮沉不定的現象，再加上天性中的堅持與固執性，所以往往會因爲不符合其原則理念而放棄了大好的賺錢機會，類似這種「人窮志不窮」的個性表現，於今社會中，實已算是稀有動物。

水瓶座的人身上最好不要放太多的現金，因爲只要手頭上有錢，你們會爲了購買書籍或美術品或有興趣的東西，而將錢花光，甚至不管明天是否有錢可吃飯。另外，與朋友相處，也總是喜歡搶著付賬，所以，儘管你們平日有多努力地在賺錢，或是多麼地會賺錢，到頭來也總是抱著「人窮志不窮」的清高口號生活著。

因此，奉勸各位水瓶座的朋友，有很多的機會可使你們賺錢，但是一定要先拋開你們那副執拗頑固的個性，稍作妥協即可。例如天生你們那具有很好的藝術天賦，你們創作的作品也有著極好的口碑與風評，只要你們稍微點頭，定然就會有很好的進財機會。可惜得是，由於太過於自戀與愛惜自己的設計作品，因而總是將可賺錢的機會推出門外，自己卻經常兩手空空、一無所有。

當然，這僅是提供參考而已，至於要如何地去拿揑實行，那就完全操之在你了。

你們財運的開展年歲有：16歲、25歲、34歲、43歲、52歲、61歲、70歲等。

四、事業

水瓶座的人，天生即具有絕佳的記憶力、創造力與聰明才智，再加上愛好自由與寬廣的博愛心胸，所以對於刻板單調或是具有一成不變、重複性的工作是絕對的不適合，最適合選擇有流行性、可自由發揮且不受限制的職業爲主。

再者，由於你們天生喜歡結交朋友，且很重視團體的關係，所以對於一些需要與人共同合作才能完成的事業，不但適合你們，而且能將你的潛力發揮得淋漓盡致。

水瓶座的人也是一位非常優秀、理想的領導者，而且基於其寬廣的包容力與博愛心，因此會讓人甘心地受其領導與指揮，但是也因爲個性上的堅持與執著，往往因此會造就出許多不以爲然的敵人。然而，這一切也大都因其認眞勤奮的工作態度，而得以化解且證明他是對的。當然，如果能在態度上稍作緩和些或是改變些，應該會有更好的成果。

至於什麼樣的職業對你們較爲適合，試列述如下：教育家、五術占卜、主持人、演藝經紀關係、科學家、發明家、天文學家、空勤人員等。

你們在事業開展的年歲有：13歲、22歲、31歲、40歲、49歲、58歲、67歲等。

一般來說，你們事業的發展巔峰大概在中、晚年時期，因爲，愈是需要長時間來完成的工作，對你們而言，是愈能發揮你們潛在的工作能力。

五、健康

由於水瓶座的符號有水與流動的意象，所以，在健康方面應該注意與水或有

流動性的器官疾病爲主，如血管、血液的病變、心臟的疾病、循環系統、胃腸疾病、水腫、眼疾等。再者，水瓶座是支配手、腳、足踝與脖子的部位，因此，對於這些部位的健康情形亦需多加注意。

在飲食方面，對於太過於油膩的食物千萬不要攝取過量，當然，也不要吃得太過清淡沒有營養，最好能均衡地攝取各種的營養。

另外，在平時的性情與脾氣上，也要多加地控制與平衡，太過的堅持與執著，不但容易傷和氣，而且對於肝臟與消化系統都有影響。

六、結語

水瓶座的人一生的運途可說是波折坎坷、阻礙重重，尤其是在獲得財富與地位的成就。但是，很奇怪的一點，他們的成功，總是在突如其來，或是意料之外的情形下降臨。因此，對於大多數水瓶座的人來說，這份成功並不會造成他們多大的驚訝與欣喜，反倒是帶給了他更多的惶恐與憂慮。畢竟，太多注目的焦點會令他感覺到不自在，也會因此而擾亂了既定的生活規律原則。

你們所結交的朋友，在你的人生旅途中，對你們的影響很大，也是你們一生賴以寄託的精神支柱。因此，你們對朋友非常地忠誠，也非常地全心以待，但有時也會因你們太過堅持與執著的想法和理念，而導致你們之間的誤會與意見不合，這一點，還盼你們能多加地檢討與改進。

雙魚座（南魚座）♓（國曆二月十九日～三月廿日）

◎基本資料：

守護神：海王星、木星。

類型性質：水象星座、變動星座。

宮位：第十二宮。

屬性：陰柔、消極、被動。

形象：雙魚。

身體部位：足部。

慣用語：我相信……。

性情徵象：熱情、包容力強、深情、犧牲奉獻。

◎相關資料論述：

一、個性

雙魚座出生的人是一個令人很難理解的動物，這一點我們可由其星座符號得知：兩隻綁在一起的魚，一隻是往上游，另一隻卻是向下游，因此，「雙重性格」往往就成了雙魚座個性的代名詞。

雙魚座本身即是一個非常敏感且感性的星座，所以對於雙魚座的人而言，周遭環境的種種因素，總會造成他很大層面的影響。再者，個性上的單純天真，與性情上的溫和又具情緒化，再加上缺乏獨立判斷的意志力，所以經常會被外界的誘惑而喪失了自我，甚至有被人欺騙或利用的情事發生。因此，要積極地培養你們自己獨立堅定的信念，實在是需要且必要的大事。

雙魚座的人在性情上變化的劇烈展現，不但會使得周遭的人無法接受，而且更無法理解爲什麼他們會有如此地變化；當然，這就是他們「雙重性格」的最佳寫照。例如，他們可以在極熱烈的情緒下，突然變得冷漠且不近人情。當然，在這種無法控制自己情緒的狀況下，經常也使得他們無法處理面臨的現實問題，甚至有眼睜睜看著到了嘴的鴨子，竟然也活生生的溜走了。

雙魚座的人往往會對周遭的事物感到很厭煩，他們對一些太緊張或是太過刺激劇烈的工作會產生排斥的現象，甚至不去理會。所以在一般的時候，他們很不喜歡去與人爭執競爭，情願讓自己難過痛苦，也因此而造成人們對其有優柔寡斷的錯誤認定。其實，這是他們耐性太好，不過，一旦超越了他們限定範圍，他們所展現的爆發力，可是會令人刮目相看且不容易制止的。

雙魚座的守護神有天王星與木星。天王星令他們擁有極度活躍的想像力與敏銳的觀察力，因此在與人相處交往時，他們不但能很敏銳地察覺出別人內心眞正隱藏的情緒，而且更能預見領會他人行爲生活上痛苦困難的一面。由於經常面對著這種虛、實、眞、幻的情境，所以雙魚座的人往往會對人生表現出一副冷漠與疏遠的態度，他們寧可將一切寄託在虛無飄渺的幻夢世界中，也不願將自己置身於如此複雜不眞的大千世界裡。另外一顆是木星；木星是吉星，由於它的保護與庇佑，才使得雙魚座的人不但對自己擁有了信心與活力，而且更能了解自己的價值與重要性。

其實，雙魚座的人其天性是很單純且可愛的，他們不自私，有犧牲奉獻的精神，也有著一顆仁慈且博愛的心，只不過在這滾滾紅塵的大千世界裡，有太多的陷阱，有太多的欺騙，以及太多的複雜人性，致使他們不得不對人生有了重新的評估與計較。因此諸如：冷眼看人生、遊戲風塵、夢幻化不切實際的生活方式等，都是他們對看透人生且重新評估後所展現的人生態度。

因此之故，對於雙魚座所展現的個性與性格，千萬不要再以世俗的眼光、標準來評論之，反倒是我們要檢討自己的所作所爲，否則，永遠也無法發掘感受到雙魚座內心所隱藏的那份眞與純了。

不過，對於雙魚座的人，在此亦要奉獻幾句話：

「諸法諸空，自由自在；

不入紅塵，焉得菩提？」

二、感情

由於出生於冬末初春之際，一股溫馨暖和的氣息已沁入了原本嚴寒的大地，雙魚座的人，他們就宛如這股暖流無私地全部奉獻給大眾。

在他們的感情世界中，充滿了溫和與體貼、甜蜜與感情，從不知道什麼是奪取、什麼是違背？他們只是一心一意地將這股眞情眞意傾注給對方。由於他們的愛是那麼地純眞，是那麼地誠摯，而且又不分對象，因此往往會有被人違背欺騙，或是有深陷泥淖而無法自拔的遺憾悲慘下場。這一點還是睜亮眼睛看清楚了以後再決定爲宜。

對於具有那麼純眞且誠摯愛情理念的雙魚座，他們對性愛又會有什麼態度的表現呢？

雙魚座的男性對於性愛很積極、很賣力，只要對方要求，隨時可遵照辦理。在性愛的過程中，不但能盡其所能地讓對方達到高潮，而且同時也將自己推向高潮的享受。然而，他們在性交的技術上，卻是喜歡以異常姿勢的性交技巧爲之，因爲這樣更能讓他們達到快樂且盡興的性愛享受，如果一旦對方無法配合，他們可能就會草草了事。

雙魚座的女性對於性愛也是積極且配合的，因爲她們深怕拒絕會傷害了對方的自尊。但是，由於全身上下都充滿了快感帶，只需稍作撫摸就會情不自禁地興奮起來。在性愛的過程中，不但是沉醉在高潮的刺激享受，而且更會要求「官人我還要」，完全的高潮、盡情的享受，是男人又愛又怕的性愛對象典型。另外，雙魚座的女性在達到性愛的高潮時，也喜歡有受虐淫的傾向，而且這種行爲更能將其快感帶到無以言喻的高潮境界。

對於積極且盡情於性愛的雙魚座，與哪些星座相交才會適合呢？當然，對於注重獨處且溫和浪漫的巨蟹座、誠實專注的牡羊座與天蠍座、有受虐淫傾向的摩羯座，以及同星座的雙魚座等，才是你們最佳的選擇。

至於婚後雙魚座的男女性，又會有什麼樣的表現呢？

(1)雙魚座的丈夫：由於天生個性的溫和與柔情，因此婚後雙魚座的男性，對妻子可是非常的溫柔與體貼，是一個難得且理想的丈夫。但對於處理事情的能力，卻非得做妻子從旁幫助不可。

(2)雙魚座的女性：婚後的妳，會是一個賢妻良母的典型，妳的溫柔與賢慧能使丈夫消除在外的疲勞。但是，千萬不要忘了，在生活的情趣上，要注入一些新鮮感，以及自己本身容貌服飾的裝扮，否則，日子久了，難免會使人生膩的。

三、財運

雙魚座的人先天對於賺錢或理財能力很差，因此儘管他們有多麼勤勞賣力地工作，始終好像都與財富無緣；所以，對於雙魚座出生的人，似乎能致富的事實並不多見。

之所以會造成如此悲哀的結果，我們可由以下幾個事實來論述說明之。

(1)太容易信任別人：雙魚座的人對於人家所說的話不但相信，而且一定銘記在心，這種性格經常遭到受騙而破財的情形，所以要想避免此種破財的現象，當然對於所結交的朋友可要再三地過濾與注意。

(2)太過於慷慨大方：雙魚座的人對於金錢本就沒什麼概念，再加上情願讓自己難過傷心，也不願他人受到傷害的性格影響，因此，如朋友向他借錢，他絕對不會拒絕，而且更不會主動地向其催促還錢；與朋友交往，所花的費用他都會主動支付。若是經營生意，更是拙於討價還價，幾乎每筆生意都是虧損的。你們說，像這樣的「大好人」，有可能與財富結緣嗎？

當然，你們也會擁有一些專長能利於財運的開展，如天生所具有的藝術天賦，喜歡且有評鑑古董、藝術品的才能，尤其是精緻且細巧的手藝，更是你們與生俱來的特色；因此，若是能朝著這個方面去努力深造，那財運也就會隨之而來了。

你們一生中財運順遂的年歲有：19歲、28歲、37歲、46歲、55歲、64歲等。

四、事業

雙魚座的人，由於天生具有太過豐富的感情，以及脫離現實的理想主義，所以，對於複雜且激烈競爭的職業是非常的不適合。

再者，雙魚座的人對於金錢價值的觀念很差，他們對於如何理財與如何投資求取利潤，更是沒有概念，因此在需要面對現實功利的職業上，定然會有手足無措且完全居於虧損的情況。

另外，他們天生缺乏堅定的信念，以及不懂得好好掌控自己的情緒，因此對於一些單調、枯燥且又需重複的工作，他們也無法勝任，甚至會因厭煩而把事情搞得一團糟，且一事無成。

但是，若單純地僅以提供他們的才能、知識、直覺、設計等，而換取報酬的職業，對他們而言，不但有興趣，而且能勝任愉快；另外，還有像一些不必面對激烈競爭，也不會單調重複，更沒有複雜地會令他們失去判斷力的工作，對雙魚座的人也很合適。

那麼，雙魚座的人比較適合的工作有哪些呢？大致列述如下：藝術家、歌唱、舞蹈、宗教家、五術占卜家、老師、美容師、服裝設計師、團隊中的顧問或是指導員、飲食業等。

至於你們一生事業的開展年歲在：16歲、25歲、34歲、43歲、52歲、61歲、70歲等。

對於雙魚座的人而言，很多成功的案例都在中、晚年時期，所以是俗稱「大器晚成」的典型。

五、健康

雙魚座的人相當地長壽，他們的身體對疾病有著敏銳的預知能力，所以，他們大都能做及早地防患與治療。

至於比較常見的疾病有心律不整、胃腸消化方面的病症，手腳、脖子的傷害，筋路發炎等。

對於飲食上，最好多吃果菜類的食物，當然，多運動，多活動筋骨，對於身體肢節上的健康更是有所助益。

六、結語

雙魚座的人先天就具有著「雙重性格」，因此在待人處事上，最好能適當地控制你多變的性情；再者，你的本性太過於溫和與軟弱，以至於會經常地受騙與上當，再加上沒有確定的信念，往往會讓人覺得你優柔寡斷且不切實際。因此，培養一份確定的信念，以及分析辨識的能力，對你而言，實在是最重要不過的一件事了。

儘管你們在性格上有此缺失，但是，從另一個角度上來看，這些所謂的「缺失」，如不自私、天眞純潔、肯自我犧牲奉獻等之特色，又何嘗不是現代人所極爲欠缺的呢？

姜威國老師著作一覽表

【命理部】

斗數新論闡微（龍吟出版社）
全方位論斗數上・下冊（益群書店）
奇門遁甲入門解析（益群書店）
掐指神算定乾坤（益群書店）
新斗數葵花寶典——星曜易理演繹（益群書店）
新斗數葵花寶典——精選古賦文闡微（益群書店）
新斗數葵花寶典——斗數與人生際遇（益群書店）
簡易紫微斗數精華篇（金菠蘿出版社）
斗數星曜與格局新義（金菠蘿出版社）
如何創造一個好的八字命格（鼎鑑出版社）
斗數宮神與實務論斷（添翼出版社）
實用八字命學講義（大展出版社）
斗數活盤實務論斷（大展出版社）
隨時卜運成功術（知青頻道出版公司）
簡易數字占卜（益群書店）
突破傳統八字命學（進源出版社）
星座・生肖・血型三合一論命術（知青頻道出版公司）

【風水地理部】

風水入門（鼎鑑出版社）
利用易經陽宅玄機使你金榜題名（鼎鑑出版社）
現代羅經理論解析（益群書店）
現代風水學巒頭總論上・下冊（益群書店）
實用風水學理氣探討上・下冊（益群書店）
實用風水學秘笈總斷（益群書店）
怎樣佈置風水吉祥物（金菠蘿出版社）
陽宅風水圖解（當代出版社）
圖解吉祥家相風水（知青頻道出版公司）

【相學部】

趣談面相識人生（益群書店）
如來佛祖的五指山——手相學（益群書店）
你就是手相學大師（金菠蘿出版社）
現代公關相人術——面相學（添翼出版社）

國家圖書館出版品預行編目資料

星座・生肖・血型三合一論命術
／姜威國著.
第一版－－ 台北市 知青頻道，民88
面 公分，－－(Easy Quick；3)
ISBN 957-9682-90-9(平裝)

1.血型 2.命書 3.占星術
293 88013881

Easy Quick 03
星座・生肖・血型三合一論命術
作　　者／姜威國
發 行 人／賴秀珍
榮譽總監／張錦基
總 編 輯／何南輝
文字編輯／李燕妮
美術編輯／林美琪
出　　版／知青頻道出版有限公司
發　　行／紅螞蟻圖書有限公司
地　　址／台北市內湖區文德路210巷30弄25號
郵撥帳號／1604621-1 紅螞蟻圖書有限公司
電　　話／(02)2799-9490・2657-0132・2657-0135
傳　　眞／(02)2799-5284
登 記 證／局版北市業字第796號
印 刷 廠／鴻運彩色印刷有限公司
電　　話／(02)2985-8985・2989-5345
出版日期／1999年 11月 第一版第一刷
2005年 5月 第二刷
定價250元

ISBN 957-9682-90-9 Printed in Taiwan